“新”火相传

南京师范大学1977级新闻专业回忆实录

◎张晓锋　主编

江苏人民出版社

图书在版编目(CIP)数据

“新”火相传：南京师范大学1977级新闻专业回忆实录/张晓锋主编.--南京:江苏人民出版社，2024.6

ISBN 978-7-214-29103-5

Ⅰ.①新… Ⅱ.①张… Ⅲ.①南京师范大学新闻与传播学院-校史 Ⅳ.①G649.285.31

中国国家版本馆CIP数据核字(2024)第100549号

书　　名	“新”火相传——南京师范大学1977级新闻专业回忆实录
主　　编	张晓锋
责任编辑	陈　茜
责任监制	王　娟
出版发行	江苏人民出版社
地　　址	南京市湖南路1号A楼,邮编:210009
照　　排	江苏凤凰制版有限公司
印　　刷	江苏凤凰数码印务有限公司
开　　本	652毫米×960毫米　1/16
印　　张	17.75
字　　数	250千字
版　　次	2024年6月第1版
印　　次	2024年6月第1次印刷
标准书号	ISBN 978-7-214-29103-5
定　　价	78.00元

(江苏人民出版社图书凡印装错误可向承印厂调换)

序一

忘不了你，南师新闻班

文/周世康

对我们41位同学来说,“南师中文系新闻班”这个词出现在46年前。回想到校报到那一刻,也许同学中大多数人没有意识到:我们一步迈入了富有历史内涵的77级大学生队伍,从此改变命运;一脚踏进了“部校共建”的南师新闻班,从此奠基人生;一起度过了情如手足的同窗四载,从此结缘终身。“新闻班”三个字,注定要留存于江苏新闻教育史,留存于南师大校史,更留存于我们全班同学永久的记忆。

同属77级的特殊群体

1978年春天,作为“文革”后恢复高考第一届77级大学生,我们41位同学都携带一张相同专业的大学录取通知书——南京师范学院(以下简称“南师”)中文系新闻专业,走进南师校园。而这之前,每个人的身份和经历又各不相同。有从田野走来的下乡知青或回乡知青,有从工厂矿山走来的青年工人,有民办教师或代课教师等,41人中还有已告别教室12年的六六届高中毕业生和刚从教室走出不久的七七年应届高中毕业生……

同学们入学前身份多样,入学经历更是各有感慨。当时还在徐州邳县(现邳州市)工地施工的陈颐让在南京的弟弟代送高考报名材料。是他弟弟着急而痛切的叫喊声,敲开了已经过了高考报名截止时间的招生办大门。善良的工作人员接过了他弟弟递上的报名材料,陈颐才得以进入考场继而进入了南师。宋晓男是确定下乡插队的应届高中生,户口已从南京宁海路派出所迁往农村。时代赐给了他机会,他考取南师后又凭着录取通知书将户口迁回。秦京午,1963年小学毕业考入了初办的南京外国语学校学习法语。1977年末,他作为南京汽车修配厂的一名钳工参加高考，并在其后参加了法语的笔试和口试。虽考试总分及格，但他却一直没有等来外语专业的录取通知书，最终在多方干预下进了南师中文系新闻班。秦京午学外文却进了中文系，报历史却学了新闻，其中的曲折是因为档案里只有他父亲是现行反革命的材料，却没有组织上早就下发的平反通知书。1978年初春，在农村插队已十年的徐宝森拿到仪征油港的招工通知书，喜出望外。临回南京前，他又收到了南师的录取通知书。本来因家庭经济原因，徐宝森已选择去了福利好的仪征油港，但报到那天，单位领导的严厉训话，给了他深深的刺激。于是，他又选择去了南师。周跃敏高考复习准备的是美术，却阴差阳错考了中文系进了新闻班。陈道龙是在秦淮区饮食办事处下属的一家甜食店炸油端子时收到录取通知书的；而李燕始终等不来录取通知书，是她父亲寻根溯源得知准确信息而把17岁的她送到南师……

1981年新闻班在南师校园毕业合影

"文革"结束后，恢复高考的这面大旗一挥，把十多年间散落社会方方面面、边边角角的有志读书深造的青年们招至麾下。他们来自天南地北，其结构几乎是社会的缩影。这是既往中国大学招生史中从未见到过的一支新生队伍，他们年龄悬殊，经历各异，却精神抖擞，意气风发。这个20世纪70年代末中国社会引人注目的新气象，蔚为历史奇观！

新闻班的 41 人，毕业后有的走向全省，有的到北京，有的还到了海外，其中大部分人一直从事新闻事业，有的转行其他。41 人随着改革开放的大潮起伏前行，都立足本职，兢兢业业，勤奋踏实，刻苦努力，为这一伟大历史阶段贡献了全部力量和才华。他们都不愧为恢复高考后第一届 77 级的一员！

历史，既有宏大叙事，也要微观视角。本书中的大部分文章，是个人的、侧面的，也许是零星片段的，但它是鲜活的、具体的、丰富的，是历史的真实镜头，是人生的真实感悟。作为 77 级一个群体的记忆，它将成为大历史的一个微观记录，也许不起眼，也许价值正在这里。

探索新模式的"部校共建"

"中文系新闻专业"，录取通知书上的这几个字本来就值得琢磨。四年的学习分为两个阶段：前两年 41 个同学分别编入中文系的四个班学中文，由南师中文系负责；后两年 41 人组成新闻班学新闻，由新华日报社负责。这种传授知识的结构和安排本也该引起思考，但当时注意到这一问题的仅为少数。

其实，这在当时实为创新新闻教育机制的一种大胆而务实的尝试。在它背后蕴藏着多少人的谋虑和忙碌：他们要为全省速培新闻人才，为这种速培创新机制，为聚合优势而协调各方。

薛恒淦老师在回忆文章中说，樊发源，这位抗日战争年代投身党的新闻事业，解放后担任《新华日报》总编辑近 30 年的老媒体人，是新闻班实实在在的创始人。20 世纪 80 年代初，新华日报社的 530 多人中，编辑部不足 200 人，其中具有本科以上学历的仅 40 余人。人才缺乏，青黄不接，促使老樊首先提出与南京师范学院合办新闻班的设想，这与后来（1981 年 2 月）从新华日报社副总编升任省委宣传部副部长的王霞林不谋而合，南师的领导也大力支持。后经省委宣传部主要领导和省教委领导商定，南师中文系新闻班于 1978 年 4 月应运而生。根据省委宣传部批复，新闻班学制 4 年，中文基础课由南师负责，新闻业务课和实习工作由新华日报社承担。南师中文系师资力量雄厚，在全省高校中名列前茅；新华日报社历史悠久，拥有一批党性强、业务精、作风好的编辑记者队伍。两者优势互补，相得益彰。

20 世纪 90 年代,樊发源担任江苏省记协主席期间在一次会议上留影。

这是一种创新举措！新闻界急需人才,江苏的高校无新闻专业;困境前奋起探索,着眼现有资源,着手整合优势……于是,就有了这个省委宣传部牵头协调领导下的、南师和新华日报社合办的新闻班。实践证明,这种学校、报社联手的组织形式和两阶段教学的知识与能力传授的安排,科学而实用,尤其在当时实为高明之举。

新闻班前两年的中文课程,开始是中国先秦文学、两汉文学、魏晋南北朝文学,诗经、楚辞、史记、乐府等作品,然后是唐诗、宋词、元曲、明清小说,再后来中国近代文学、现代文学、当代文学。我们学习了汉语语音、语法、逻辑、修辞、文艺理论;学习了散文、诗歌、小说、议论文等各种文学体裁的作品,进行了严格的写作训练;学习了外国文学及有代表性的著作;学习了哲学、经济学、中国历史、世界历史、中共党史等每个大学生都必修的公共课程。特别值得一提的是,我们还和中文系同学一起,观看了几十部当时尚未开禁只供内部教学研究的国内外影片。在经历了十年动乱之后,南师中文系一大批知名老教授集中上讲台授课,他们的文化意识和历史意识比原来有了巨大飞跃。面对一双双饥渴求知的青年学子的眼睛,他们备课讲课倾情倾心,几乎每一门课都精彩纷呈,同学们都几乎是第一次享受到这样的知识盛宴，听得入神，学得专心，收获巨大。陈道龙在他的标题为《母校南师给了我力量》的回忆文章中写道，和很多同学一样，他对各门功课都认真学习，其中兴趣最大的是写作课。教写作的朱莹选老师善于指出学生作文中的优点，激发大家学习热情。他的第二篇作文《说毅力》受到朱老师表扬，课后很多同学借去传阅。他的散文《长江礼赞》再次受到老师好评，不久后他还被朱老师点名选入班上的写作兴趣小组，写作热情大增。

新华日报社党组非常重视新闻班，抽调王寄忠、支德裕和薛恒淦三人，配合南师有关老师全程参与新闻班的教学管理和思想教育工作。王寄忠时任新华日报社总编室第一副主任，他是复旦大学新闻系 1946 级学生。1980 年初，王寄忠去母校复旦大学，请刚恢复工作不久的新闻系主任王中就南师新闻班科目设置、课时安排等方面给予指导和帮助。在后两年的新闻知识学习中，新闻学概论由王寄忠主讲，新闻采访与写作、新闻通讯、新闻评论、报纸编辑、报纸版面设计、标题制作和新闻摄影等，则由编辑部资深编辑记者讲授。时任副总编辑金靖中和金惠凤、李承郇、高羽、郑昌鸿、刘向东、张成林、左克、钱能训、沈跃先、吴友松、李大容、张立平、吕晓露等报社的“新闻高手”都先后为新闻班同学讲课，其中李承郇、高羽是由全国高评委审定的、江苏省最先获高级编辑新闻职称的人。当时无合适人选讲授中国新闻史这门课，老樊和王寄忠商定，由薛恒淦和支德裕两人到中国人民大学新闻系进修后回来再授课……老樊是新闻班的大管家，时常向报社派出的三人了解班上情况。他强调，新闻工作者要有广博的知识，为此，新闻班毕业前还增加了一门科技讲座，请知名专家学者来授课。在新闻实习阶段，老樊一再强调各处室、地市记者站负责人要认真做好“传帮带”工作，并要安排好同学们的吃住行。

这种扬各自优势资源的科学组合，炼合金钢式的人才培养方法，再加上教得精心、学得专心、领导用心，效果自然出色。实习期间，同学们上手很快，佳作连连；正式入职后，业绩更是喜人。新闻班以整体的水平和几十年累积的成果，验证了这一改革开放之初在新闻教育上大胆尝试的成功！

更令新闻班同学始料未及的是，1978 年春进校那一刻，41 人组成的新闻班，竟然成了南师新闻传播教育中的重要一环。《新新之火——南京师范大学 1964 级新闻专业回忆实录》(江苏人民出版社 2022 年 7 月出版）一书的主编、时任南

1981年新闻班在新华日报社合影

师大新闻与传播学院院长的张晓锋,撰写了该书的首篇文章《南师新闻传播教育的星火传奇》。他写道:南师新闻传播教育大致可以分为四个时期——萌芽期:烽火岁月中起步的华中新闻专科学校;奠基期:1964年教育部在南师设立全国师范院校第一个新闻本科专业;成长期:1977年恢复高考招生后设立南师新闻班探索"部校共建"之路;发展期:1995年成立新闻与传播学院至今。唐绪军进一步考证发现:南师新闻班,是77级全国师范院校中的唯一,同时是此后几十年中大力推行的"部校共建"的最初探索者!

新闻班沐此荣光,全班同学都成了参与者和见证者,深感幸运!我们那么深切地体会到饮水思源和知恩报德,内心深处唯有感谢:感谢那个伟大的时代,感谢探索"部校共建"的决策者,感谢所有为新闻班付出过心血、智慧、汗水的领导和老师及方方面面的有功人士!

四载同窗的学习家园

新闻班,是我们41人大学四年共同的学习家园。

我们忘不了四年中对知识如饥似渴地吸收甚至是狂吞。刘杉曾回忆说，当时世界文学名著奇缺。记得同宿舍的一位78级室友借到一本《基度山恩仇记》，阅读的时间很紧。为了都能一睹为快，其他几位室友跟书的主人紧急商定，在他不看的时间内轮流翻阅，限定的时间是一个晚上。轮到刘杉时，限定他翻阅的时间是从当晚8点多钟到第二天早上4点多。为了不影响别人休息，他打着手电筒猫在被窝里看，终于粗粗地将全书翻阅了一遍，“过后身体虽然疲惫不堪，内心的畅快却无以言表。”吕解生来自建湖农村，1975年从公社高中毕业。刚进南师时，他有点沾沾自喜，但很快，这种感觉荡然无存，因为班上不少同学的学识基础震撼了他。他在回忆文章中写道：他看到许海燕在砖头般厚的装订本上翻译俄文作品；他亲见讲课深受同学们欢迎的谈凤梁老师偶尔会面向课堂内的姚大鍫同学来一句：“大鍫，是不是这样的？”谈老师对姚大鍫的器重，活生生的就在眼前……这些让他产生了“窒息感”，决心要拼命学一点东西。“因此那时的我，晚上能到多晚就到多晚，早上能起多早就起多早，无数的小卡片，从抄写到默写，从卡片到16K大纸，把本来几乎一首都不知道的唐诗宋词，生生地背上500多首，把优秀的外国诗人的诗歌，抄写了一本又一本……”如此废寝忘食地学习，又是在怎样的生活条件下进行的呢？过耀华撰写的文章提供了一个生动的细节。“曾记得，当时学生宿舍的条件有限，八条汉子挤在一间，空气难免浑浊，所以晚上都是开窗的。南京的冬天怪冷，有一天北风呼呼，晚上竟下起鹅毛大雪，纷纷飘进屋来。我早早地被冻醒，看到窗口桌上已是寸厚的积雪，想着那临窗的同学怕是冻着了。翻身下床，走近一看，分明他们额前的头发已挂着白霜。我急着喊道：‘呀，冻着了，赶紧关窗。’只听他们笑着回答：‘雪花飘，空气好。’于是，整个冬天那窗没有关过……”

在那青春韶华的4年中，我们朝夕相处，坐在一个教室听课，围着数张饭桌吃饭，集体宿舍门对门，床铺面对面；相互间有切磋也有争论，多的是互助有时也较劲；相携出游去杭城、扬州，结伴实习前往全省各地。同学中“老的老小的小”，老三届沉稳持重，20岁左右的活泼轻灵。但大家相处融洽，不觉隔阂。同学，是没有血缘关系的兄弟姐妹；4年，各自奋斗又相互照顾。樊辉写的《棉花球》中的故事发生在1980年夏天，40多年后的今天读来依然令人感动。那年暑假，他住校读书没有回家。假期后半段的一天，他看到吕解生同学提前回来了，一问是准备第二天去黄山。他见吕脸色不好，又听他说浑身酸痛，便关照他当心感冒。这时他想起曾听说睡觉时用胶布贴在肚脐上，可防寒气侵入，便告诉了吕。第二天晚上10点多钟，他经过吕解生宿舍，门开着，进去一看，吕发高烧了，必须马上去医院。他就扶着吕，帮吕从上铺挪下来，又一步步挪下楼，用自行车推着去工人医院(现已更名为“江苏省人民医院”)。吕坐在行李架上，身子趴在坐垫上。“我边推车，还要时不时地扶他一下，生怕他迷迷糊糊从车上掉下来。”到医院看急诊，体温近40度了。医生发现了肚脐上的胶布，揭了胶布，里面还塞了一团棉花，原来吕想企求更好效果而用了土办法。开始挂水已是夜里近12点，挂完天已大亮，这时整个挂水的棚子就剩下他俩。樊辉一夜没睡，负责盯着瓶子，并不时要用双手驱赶吕身体上空和自己脚旁的蚊子。早上，他用自行车将吕解生送回学校宿舍后便去参加一个游泳比赛。当晚他又去看望吕，发现他已好多了。这时，樊发现吕肚脐上的白胶布，笑问又贴了？吕看看胶布点头嗯了一声。樊说有棉花吗？吕说有，在里面……4年中，曾有多少这样平凡而又感人的故事发生在我们中间。人生只有一次，青春只有一回，新闻班，储存了我们的共同记忆，深厚情谊，宝贵年华。

所以，出版这本书，献给新闻班，献给每个同学，同时也献给我们每一位同学的后代。这些年来乃至将来，我们会偶尔给后辈们讲自己的经历，尤其是恢复高考的经历，大学4年的经历；我们会偶尔给后辈们讲自己当年的母校、老师、同学，讲相互间的情谊和牵挂。但我们不可能讲得那么全，讲得像书中所呈现的那样栩栩如生，讲得时间跨度那么长。而今，一书在手，我们可以郑重地传递给儿孙后辈。当他们在月朗星稀的夜晚，轻轻地打开沉淀了长辈们一个时代记忆的书籍，很可能会像我们当年一样，抱着相同的情感、期待、好奇……“月亮在白莲花般的云朵里穿行，晚风吹来一阵阵快乐的歌声，我们坐在高高的谷堆旁边，听妈妈讲那过去的事情……”愿我们的故事，同样在后辈的口中流传……

（写于2024年春）

（**注：**周世康系南师77级新闻班班长，现任江苏省新闻工作者协会名誉主席，曾任江苏省委宣传部常务副部长、江苏省人大常委会常委、教育科学文化卫生委员会主任委员）

序二

新闻班，我一生的美好记忆

文/薛恒淦

2023 年 12 月 9 日，新闻班部分同学在南京东郊聚会，祝贺周世康《海门传》和《海门名人传》两部著作出版发行。在无锡的李燕同学听说我与支德裕老师也参加此次聚会，特地到市场买了毛线，夜以继日编织了两条围巾送给我俩。当她把两条颜色有别的围巾给我们系上时，全场同学一起拍手称赞。我俩激动不已，顿时一股暖流涌上心头。

在我近 40 年的新闻工作生涯中，历经风风雨雨，许多往事已成过眼烟云，但与新闻班有关的人和事仍记忆犹新，历历在目。

吃水不忘挖井人。提到新闻班，不能忘记樊发源，他是新闻班的创始人。樊发源担任新华日报社总编辑近 30 年，他在任期间，报社上下均不以职务相称，我们都习惯叫他“老樊”。

粉碎“四人帮”之后，拨乱反正，百废待兴，各行各业都急需有知识有文化的人才，新华日报社也不例外。80 年代初，新华日报社共有 530 多人，除去印刷厂工人和政工行政人员，编辑部不足 200 人。其中具有本科以上学历的，仅有 40 余人，不到四分之一。其时，国内高校开设新闻专业的很少，复旦大学和中国人民大学比较有名，他们的毕业生，除中央和北京上海的新闻单位外，其他省市能分到一两个就很幸运了。面对这种青黄不接的现状，老樊首先提出与南京师范学院合办新闻班的设想，时任新华日报副总编后于 1981 年 2 月升任省委宣传部副部长的王霞林全力支持并具体落实，南师的领导也大力支持。后经省委宣传部部长郑康和省教委领导商定，南师中文系新闻班于 1978 年 4 月应运而生。中文基础课由南师负责，新闻业务课和实习工作由新华日报社承担。

经报社党组研究决定，抽调王寄忠、支德裕和我三人，配合南师有关老师全程参与新闻班的教学管理和思想教育工作。王寄忠时任新华日报社总编室第一副主任,他于 1946 年考进复旦大学新闻系,著名思想家教育家陈望道是他们的系主任。陈望道是《共产党宣言》的首译者,在他的教育和影响下,王寄忠成为复旦大学地下党员。解放后,他先后在无锡日报社和南京日报社编辑部任总编室主任。他新闻理论功底扎实,实践经验丰富,让他来主持新闻业务教学是很合适的;支德裕 1954 年工作,1957 年入党,“文革”前从江阴县委办公室调到新华日报社,时任政治处组宣组副组长,曾与组长纪广盛一起在扩招生源中挑选新闻班学员,对每个同学的基本情况都很了解;本人 1957 年工作,1960 年入党,先后在南京人民广播电台、南京日报社工作,1971 年从南京日报社调到新华日报社,在资料组编辑报刊动态。我与王寄忠早已相识,60 年代初曾与他爱人于允华一起在南京人民广播电台共事。“文革”中他们全家被下放到高淳农村落户,后落实政策返回城里,我都到他家帮助搬运行李,彼此比较了解,很乐意当他助手。

王寄忠老师(左)与支德裕老师合影

1980年初,王寄忠曾带我到他的母校复旦大学新闻系去取经,请刚恢复工作不久的新闻系主任王中在科目设置、课时安排等方面给予指导和帮助。

经报社领导研究决定,“新闻学概论”由王寄忠主讲,“新闻采访与写作”“新闻通讯”“新闻评论”“报纸编辑”“报纸版面设计”“标题制作”和“新闻摄影”等,则由编辑部资深编辑记者分担。副总编金靖中、秘书长金惠凤、李承郃和总编室主任高羽,以及郑昌鸿、刘向东、张成林、左克等都先后为新闻班同学讲课。其中李承郃、高羽两人是我们江苏省最先获高级编辑新闻职称的人。当年正高职称的材料要送北京,由全国高评委审定的,难度可想而知。

支德裕老师(左)与薛恒淦老师合影

“中国新闻史”这门课当时无合适授课人选。老樊和王寄忠商定,由我和支德裕两人到中国人民大学(以下简称“人大”)新闻系进修,来一个边学边教,现买现卖。人大党委委员、新闻系主任罗列,抗战时期曾与老樊共同坚持敌后办报,他对老樊提出的要求满口答应。因此,当我手持报社公函和老樊的亲笔信到人大见他时,受到了热情接待。这位身材不高,体态微胖,操一口岭南口音的新闻界前辈,亲自带我去见甘惜分、方汉奇等知名教授,让我“吃小灶”,和刘建明等为数不多的几名研究生一起听课，刘建明后成为清华大学新闻传播学院教授。

当年中国新闻史尚无公开出版的教材，主要是根据人大一本校内讲义编写，由方汉奇教授等口头讲授。方汉奇是当今新闻史学界泰斗，撰写了《中国近代报刊史》《中国新闻事业通史》等多部著作，曾获吴玉章人文社会科学终身成就奖。

我当年能够得到方教授的耳提面命是很幸运的。为了不负使命，我听课时全神贯注，课后与几位研究生一起核对笔记，遇有难题及时请教，不敢有丝毫松懈。我在人大期间，恰逢该校30周年校庆，还聆听了我党老革命家、教育家成仿吾校长的报告，他勉励年轻一代要做有理想、有道德，有文化、有纪律的"四有新人"。正因为有了新闻班，我这个只读过中等师范学校，上过三年业余大学的人，才有机会迈进人大这个一流高校的门槛。

回头再来说说老樊，他于1954年至1956年曾到中央党校新闻班进修过两年，他对人才培养非常重视，对新闻班倾注了大量心血。报社老大楼四楼的平台上，东西两侧各有一间相互对称的不到10平方米的小屋，东边一间提供给支德裕和我办公，存放新闻班教学资料。西边一间是老樊中午休息和夜晚睡觉的场所。他三天两头都要到我们这间小屋来询问新闻班同学的学习和思想情况，并在随身带的小本上作记录。他强调一个新闻工作者不但要认真学习党的路线方针政策，还要有广博的知识，要不断"充电"。为此，新闻班毕业前还增加了一门科技讲座，请省内知名专家学者来授课。在组织新闻实习阶段，老樊一再强调各处室、地市记者站负责人要认真做好"传帮带"工作，并要安排好同学们的吃住行。毫不夸张地说，老樊是新闻班的总管，我们只是在他的领导下，尽心尽力做好具体工作而已。

江山代有才人出。新闻班整体素质优秀，又遇上改革开放的好时代。毕业分配时，省里报社、广播电视和有关宣传单位都求贤若渴，争着要人。新华日报近水楼台先得月，一次就分到了16名(其中有一人是中文系师范班与新闻班留校同学交换的)，创造了办报以来一次收进大学生人数的最高纪录。

新闻班同学走上工作岗位之后，踔厉奋发，涌现出一批出类拔萃的人才。有外语专长的许海燕留在中文系外国文学教研室当助教，后成为中文系著名教授，著有《中西文化交流史》等多部著作，被国家图书馆收藏；当年入学时才17岁的叶南客，毕业后分到江苏省社科院社会学研究所，后当了江苏省社科院副院长、南京市社科院院长，成为江苏省社科名家，兼任南大等多所高校博士生导师；工作一年后考入中国社会科学院研究生院的唐绪军，后来当了该院新闻与传播研究所所长。

分到新华日报社的16人中，先后有7人被评为高级编辑、高级记者，有一位成了专业作家。其中大小"二周"是江苏新闻界公认的领军人才。先说"大周"周世康，他是新闻班班长，入学前就是共产党员，在学校品学兼优，能力出众。毕业时，新华日报指名道姓把他作为第三梯队人选要来，之前老樊曾指派支德裕和我到他出身地海门县进行调查和家访。他进入新华日报不到两年，就当了农村处副处长，写出一批在全省和全国有影响的报道；后来他当上副总编辑，进入领导层，曾获全国百佳新闻工作者称号；再后来他从报社调出，先后担任省委副秘书长、省广播电视厅厅长、省委党校常务副校长、省委宣传部常务副部长等领导职务，并当选为省记协主席，直至2015年年底。2016年起，周世康又开始一项新的艰巨工作——撰写《海门传》。他花五度春秋，数易其稿，终于成功推出江苏第一部千年古县传记，全书60多万字。此书脱稿后他马不停蹄，从2021年起又动笔《海门名人传》，至2023年10月正式出版。8年时间，他为家乡献上了百万字的历史书写，丰富了系统的海门历史记忆。

再说"小周"周跃敏，苏州人，1958年出生，比"大周"小11岁。他毕业后进新华日报社科教处从事体育报道，在对中国女排教练袁伟民和队员郎平、孙晋芳等的采访报道中崭露头角。后来他参与筹办《扬子晚报》，写出了一批好新闻、获奖作品，迅速成长为业务骨干。他担任新华日报社总编辑特别是党委书记、社长、新华报业传媒集团董事长后，带领全体员工继承红色基因，挺立时代潮头，新闻宣传、媒体融合、经营管理、队伍建设不断取得新成绩，集团跻身全国精神文明先进单位行列。他独立完成的作品7次荣获中国新闻奖，与他人合作的作品6次获得中国新闻奖。个人先后荣获江苏省有突出贡献的中青年专家、全国百佳新闻工作者、全国新闻出版行业领军人才、长江韬奋奖(韬奋系列)等荣誉称号，并被确定为全国宣传文化系统"四个一批"人才，享受国务院特殊津贴。周跃敏现任江苏省记协主席，南京师范大学新闻与传播学院、南京大学新闻传播学院兼职教授,此外还担任中国新闻奖评委、江苏省好新闻评委会主任、江苏省新闻高级职称评委会主任等职务。

树高千尺不忘根。这些同学的成就固然是与自身努力奋斗分不开的,但如果没有新闻班这个坚实的基石,没有南师老师的谆谆教诲和新闻前辈们的辛勤栽培,他们的命运或将重新改写。

抚今追昔,感慨颇多。如今,樊发源、王寄忠已离世多年。支德裕和我已是耄耋老人,新闻班同学聚会常邀我俩参加。看到和听到新闻班同学在各自领域取得的成就,我感到十分自豪和欣慰。在他们成长的道路上,我曾默默无闻地当过一颗铺路石子。在新闻班工作的一段经历,是我一生中的美好记忆。

(写于2024年3月)

(**注:**薛恒淦系南师77级新闻班任课教师,时任新华日报社资料组编辑)

目　录

我们二组

我们三组

我们四组

我们这个班

2018 年新闻班纪念入校 40 年在南师合影

南师77级新闻班：中国新闻教育的非典型样本

文/唐绪军

在中国新闻教育的百年历史长河中，南师77级新闻班无疑只是一朵顺潮跃起的小小浪花，但它独特的绚烂、别样的风采，令人难忘，耐人寻味。

一、引　子

中国的新闻教育，一般认为始于1918年。这一年的10月14日，时任北京大学校长蔡元培亲自倡导并兼任会长的北京大学新闻学研究会宣告成立。该会简章称："本会以研究新闻学理，增长新闻经验，以谋新闻事业之发展为宗旨。"以此为开端，中国的新闻教育在各高校次第兴起。1921年，厦门大学成立新闻学部，这是已知中国最早的成建制的新闻教育机构。1924年，燕京大学创办新闻学系。1928年，在上海创办的暨南大学开设了新闻课程；同年，上海民治新闻学院（后改名为民治新闻专科学校）创立，这是中国第一所新闻职业教育专科学校。1929年，复旦大学新闻系成立……

中国共产党是在北京大学孕育的。1920年3月，李大钊、陈独秀、邓中夏等人在北京大学组织了马克思学说研究会，通过《新青年》等进步报刊宣传马克思主义，为中国共产党的成立和发展提供了思想先导。北京大学新闻学研究会也通过培训学员传播了新闻学理，培养了中国共产党早期的一批新闻骨干。因此，中国共产党的领导人一向重视新闻教育。在北京大学新闻学研究会听过课的毛泽东1921年在长沙创办湖南自修大学时就开设有新闻学课程。第一次国内革命战争和第二次国内革命战争时期，中国共产党转战南北，没有条件开办正规的新闻教育机构，党的新闻人才基本上都是通过短期培训和边干边学的方式培养的。抗日战争和解放战争时期，中国共产党有了自己的根据地和大后方，开始着手创办一系列成建制的新闻院系。比如,1937 年在延安创办的陕北公学(中国人民大学的前身)就设有新闻课程。1939 年在延安的中国女子大学开设了新闻课程。1946 年在晋察冀边区的华北联合大学设有新闻培训课程,同年在江苏创办了华中新闻专科学校。1947 年合并了陕北公学、中国女子大学等 8 所教学机构的延安大学正式开办了新闻班,这是中国共产党创办的第一个大学新闻专业。1948 年在河南的中原大学建立了新闻系。1949 年在上海创办了华东新闻学院……

中华人民共和国成立后,中国共产党带领全国人民着手"打碎旧世界,创立新世界",原有的高等教育体制也在改造之列。1952 年全国高校院系调整后,中国的新闻教育经过合并和重组形成了新的局面。燕京大学新闻学系并入了北京大学,北京大学中文系设置了新闻专业。1954 年中共中央党校的前身马列学院开办了新闻班。1955 年中国人民大学增设新闻系,1958 年北京大学中文系新闻专业并入中国人民大学新闻系。1959 年成立了北京广播学院(现中国传媒大学前身)。与此同时,一些地方院校,如江西大学、杭州大学、暨南大学、西北政法学院等也先后创办或恢复了新闻系、新闻专业。这些高等新闻教育机构为社会主义新闻事业培养了一大批骨干人才。但是,"文革"期间,中国的新闻教育遭受了巨大冲击,绝大多数新闻院系停办,建制撤销,教员遣散,招生中止。至 1977 年,全国新闻院系仅存 2 家,即复旦大学新闻系和北京广播学院。

1977 年 7 月,中国共产党十届三中全会作出了《关于恢复邓小平同志职务的决议》。8 月,作为国务院副总理的邓小平主持召开了科学和教育工作座谈会。这次会议的一项重要成果就是建议立即恢复高考。10 月 12 日,国务院正式发文,当年起恢复高考。这年冬天,积攒了十年的初高中毕业生一起涌入了设在全国各地的考场。据后来官方公布的统计数据,总共有 570 多万人参加了高考,录取了 27.8 万人,其中包括扩招的 6.3 万人,大学本科生的录取比率为 4.1%。这些大学生,史称"77 级"。

根据目前掌握的资料,77 级全国各高校的新闻专业总共招生 273 人。其中,复旦大学新闻系招生 60 人,不分专业;北京广播学院招生 103 人,分为新闻编采 39 人、播音 33 人、电视新闻摄影 31 人;北京大学中文系新闻专业招生 69 人,不分专业[1];还有就是南京师范学院中文系新闻班,41 人。

二、缘　起

复旦、人大、北广招收新闻专业的学生顺理成章,作为以培养中学老师为目标取向的师范院校,南京师范学院凭什么招收新闻专业的学生呢?与复旦、人大、北广不同的是,南京师范学院中文系新闻班是由南京师范学院与新华日报社联合办学的。一家省级新闻单位凭什么掺和进高等教育?要回答这两个问题,不得不从中国共产党在江苏对新闻人才培养的历史传统说起。

前面提到的华中新闻专科学校,是由时任新华社华中分社社长、《新华日报》(华中版)社长兼总编辑范长江于 1946 年 1 月经中共中央华中分局批准,在江苏淮阴主持创办的。范长江亲任校长。其办学宗旨是:培养新民主主义新闻事业各项人才。1947 年 2 月,全面内战爆发后,华中新闻专科学校迁至山东莒南县,更名为"华东新闻专科学校"。一年后,1948 年 6 月,华中新闻专科学校又在江苏射阳重建,恢复招生。1949 年 4 月,苏南地区解放后,华中新闻专科学校迁往无锡,更名为"苏南新闻专科学校",直至全国高校院系调整前停办。在其 6 年的办学历史上,华中新闻专科学校虽然辗转多地,更名数次,但矢志于新闻教育,为新生的共和国培养了数以百计的新闻专业人才。这些人才大部分留在了江苏,成为建国初期江苏各级党委机关报的骨干力量。

1958 年,社会主义建设进入"新高潮",江苏省的新闻事业也有了很大的发展。江苏省委宣传部经向省委请示同意后,在南京大学中文系增设三年制的新闻专修科;同时成立江苏省新闻学校,招收初中毕业生(四年制),以培养新闻事业的后备人才。两年后,1960 年 7 月,江苏省委宣传部和省委教育卫生部又向省

---

① 北京大学中文系新闻专业的师资于 1958 年并入中国人民大学新闻系。1970 年 10 月,中国人民大学停办,新闻系也随之解散。恢复高考时,由于中国人民大学正在重建过程中,新闻系 77 级的学生是以北京大学中文系新闻专业的名义招收的。学生生活在北京大学校园里,但授课老师都来自中国人民大学,这批学生毕业时获得的是北京大学的文凭。1978 年中国人民大学新闻系恢复招生,北京大学中文系不再保留新闻专业。

委打报告，建议："将新闻学校和南大新闻专修科合并，成立'江苏省新闻专科学校'，以便于加强领导，提高教学质量，统一规划新闻教育事业的发展。"省委批复同意这一方案。江苏省新闻专科学校遂于 1960 年 9 月成立。根据批复，该校由新华日报社代管，《新华日报》副总编辑李维兼任该校校长。随着新闻专科学校的办学质量不断提高，江苏省不再满足于只培养新闻专业的大专生了，积极向教育部申请创办新闻本科专业。1964 年 6 月，教育部致函江苏省委宣传部，同意在南京师范学院增设新闻本科专业，招生名额 30 人(64 高计事余字 324 号)。于是，江苏省新闻专科学校整体并入南京师范学院，南京师范学院也就因此成为江苏省第一个设有新闻本科专业的高等院校，同时也是全国师范类院校中第一个设有新闻本科专业的学校。这一年，南京师范学院招收了第一届新闻专业本科生 32 人。

从以上简述可知，无论是新华日报社，还是南京师范学院，都具有新闻教育的办学传统和办学条件。但是，传统和条件毕竟只代表了可能性，要把可能变成现实，既离不开机遇，更离不开起决定性作用的关键人物。在南师 77 级新闻班形成过程中，机遇是党中央作出的 77 级高校扩招的决定，决定性的关键人物是时任《新华日报》总编辑樊发源。

樊发源(1921—2010 年)，人称"老樊"，江苏如东人，1940 年参加革命工作，1942 年加入中国共产党。抗日战争和解放战争时期，他先后担任过苏中四地委《江海大众》总编辑，苏中四地委江海报社总编辑兼经理，华中一地委江海导报社经理兼副社长，华中九地委江海报社副社长兼总编辑，南通市工委宣传部部长兼江海报社社长。解放初期，他担任《苏北日报》总编辑、副社长，1953 年起担任江苏省委机关报《新华日报》总编辑，"文革"期间受冲击接受审查，任普通编辑，1971 年重新出任《新华日报》总编辑，直至 1983 年离休。可以说，老樊的一辈子都在江苏从事党的新闻工作。

粉碎"四人帮"后，各行各业都在拨乱反正，作为江苏省新闻事业的领头人，老樊对新闻单位人才青黄不接的现状忧心如焚。当时有一项统计，新华日报社共有 500 多人，除去印刷厂工人和行政人员，编辑部的编辑记者不足 200 人，其中具有本科以上学历的不到 30 人。老樊，这位 1954 年至 1956 年曾经到中央党校[1]新闻班进修过两年的老报人,深知知识对编辑记者的重要性。据参与南师77级新闻班筹建的新华日报老同志薛恒淦回忆,老樊是第一个产生了要在南师办一个新闻班这一想法的人,然后与副总编王霞林等相关同志商讨此事的可行性,得到支持后就着手操办。不得不提的是,此时老樊还有一个举足轻重的职务:省委宣传部副部长。经过一系列紧锣密鼓的操作,南师77级新闻班终于呱呱坠地。

由于老樊已经作古,我们无法聆听其亲自述说了。但历史的真相往往隐藏在细节中。通过梳理史料和整理相关人员的口述实录,我们可以大致理出一些头绪来。

77级高校扩招的决定是党中央于1978年2月底作出的。3月3日《人民日报》第4版刊登新华社3月2日讯《教育部、国家计委发出联合通知 高等学校试招走读生 增加招生名额》。报道说:"普通高等学校在完成原定一九七七年招生计划外,可以根据本校师资、教室、实验室和图书馆等条件,试行招收走读生。走读的学生,在校期间和毕业后的待遇,与住校生相同。增加招生的专业,应该是通用的和急需的。增加招生的学生来源,都从符合录取条件和具备走读条件的考生中,择优录取。"在这样的大背景下,老樊萌发了办新闻班的想法应在情理之中,特别是通知中"通用"和"急需"这两个词应该是他产生这一想法的关键诱因。至于为什么要找南师合作,原因很简单,当时江苏省只有南师具有新闻专业本科教育的资质。

据江苏省档案馆所藏资料,3月9日,省高招办接到教育部关于高校扩招的电话通知。3月15日,省高招办负责人向省委常委会汇报江苏省高校扩招方案。在汇报时,这位负责人说,本省落榜的高分考生较多,趁此扩招机会宜尽可能多招收一些学生。此建议得到了时任省委书记的赞同,他表示可以适当多招,江苏省是财政包干省,多招学生的经费由省财政支出。列席会议的樊发源不失时机地提出了要与南师合办新闻班、解决新闻人才青黄不接问题的设想,建议招生50人,此动议得到了与会者的赞同。会议还决定,3月20日以后本省的考生档案对省外高校开放,要做好外省市高校来宁查档录取考生的

① 1954年称为马列学院,1955年8月更名为中共中央直属高级党校。

服务保障工作。

据参与新闻班筹建和教学的新华日报社老同志支德裕回忆，3 月 15 日下午，刚一上班，老樊就急匆匆地进了报社政治处的办公室。支德裕感到很奇怪：平时老樊有事，都是让秘书通知相关人员去他办公室谈事的，这次为什么老樊自己直接找来了呢？正疑惑间，老樊把副处长纪广盛和他叫到一边，要求他俩停下手头的一切工作，立即去省高招办查阅考生档案。老樊对他俩说：“你们是代表省委宣传部，代表新华日报去选人的，一定要记住我的话，不拘一格选人才。别的差点可以，文笔一定要好。记住，经过 4 年学习，这些人是要拿来就可以用的。”原来，老樊是要他们去“抢人”。那天下午，纪广盛和支德裕去了省高招办，会同南师中文系高永年老师一起查阅考生档案。他们发现，相当一部分考生的总分很高，但年龄偏大。按照老樊的指示，他们一看总分，二看作文得分，三看字写得好不好，以此作为标准从中挑选出了 50 多位候选人。

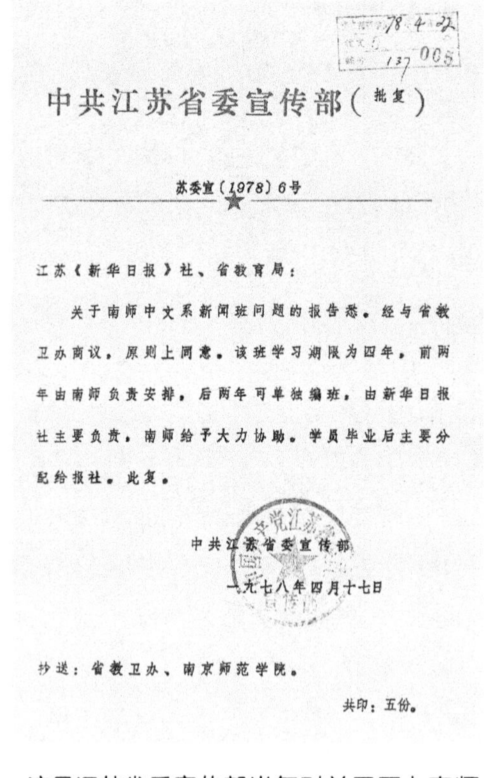
中共江苏省委宣传部（批复）

苏委宣〔1978〕6号

江苏《新华日报》社、省教育局：

关于南师中文系新闻班问题的报告悉。经与省教卫办商议，原则上同意。该班学习期限为四年，前两年由南师负责安排，后两年可单独编班，由新华日报社主要负责，南师给予大力协助。学员毕业后主要分配给报社。此复。

中共江苏省委宣传部

一九七八年四月十七日

抄送：省教卫办、南京师范学院。

共印：五份。

这是江苏省委宣传部当年对关于开办南师新闻班报告的批复复印件。

从南师档案馆查找到的两份文件，也能说明许多问题。一份是新华日报社和省教育局联名致省委宣传部的请示件，标题是《关于南师中文系新闻班问题的报告》。内文说：“一、名称定为：南师中文系新闻班。二、学习年限与南师中文系相同，为四年；两年中文基础课由南师负责，一年半的新闻专业课和半年实习，今后由新华日报社为主，南师大力协助。三、四十一名学员毕业后的分配问题，建议由省委宣传部负责。”报告的落款时间是：一九七八年三月三十日。另一份是江苏省委宣传部就上述请示报告的批复。内文说：“关于南师中文系新闻班问题的报告悉。经与省教卫办商议，原则上同意。该班学习期限为四年，前两年由南师负责安排，后两年可单独编班，由新华日报社主要负责，南师给予大力协助。学员毕业后主要分配给报社。"文件的落款时间是："一九七八年四月十七日。"

被南师77级新闻班录取的考生于4月1日起陆续收到录取通知书，通知书上要求4月8日到南师报到。

通过上述资料，我们大致可以按时间顺序来还原南师77级新闻班从设想到现实的历史发展脉络：

——3月3日，高校扩招通知在《人民日报》上刊登。

——3月3日至15日，老樊与时任《新华日报》副总编辑王霞林等人商议，要借这次扩招的机会在南师办一个新闻班。王霞林受托实际操作此事，与各相关部门沟通联络。其间，3月5日南师中文系77级第一批次录取的新生到校报到，3月9日省高招办接到了教育部关于高校扩招的电话通知。

——3月15日上午，省委常委会举行会议，听取省高招办工作汇报，讨论决定江苏省的高校扩招方案。老樊列席会议。

——3月15日下午，纪广盛、支德裕受老樊指派去省高招办查阅考生档案，参与新闻班学生的选录工作。

——3月30日，新华日报社和省教育局联名给省委宣传部打报告，就南师新闻班相关事宜提出请示。

——4月1日起，被录取的新闻班学生陆续收到录取通知书。

——4月8日，新闻班学生从全省各地奔赴南师报到。

——4月17日，省委宣传部对新华日报社和省教育局的请示报告作出批复。

也就是说，老樊等人敏锐地抓住了77级高校扩招这一历史机遇，前后仅用了一个月时间，就把在南师开办新闻班的设想由一个念头变成了一件实事。具体操作是两头并进：一头，按规定走程序，该请示的请示，该报批的报批，该履行的手续一样没落；另一头，在履行各项手续的同时，争分夺秒把优秀学生先"抢"到手。至于招进来的这个班叫什么名称、教学怎么安排、毕业后怎么分配，边招生边商议。

行文至此，不禁心生感慨，那真是一个敢想敢干、只争朝夕的年代啊！

三、教　学

南师77级新闻班41名同学在春暖花开的季节走进了南师校园。报到后，他们被分成4个小组，分别插入中文系已有的4个班，开始了4年的大学生活。

这里有个问题，3月15日老樊在省委常委会上提出建议时，设想这个班的招生规模是50人，纪广盛、支德裕也受命从考生档案中挑选出了50多个人，为什么最后只录取了41个人呢？追究这一细节的过程，让我们再一次感受到了当年前辈们一切从实际出发，从现有条件出发，实事求是的办事作风。南师中文系77级第一批次共招收了160人，分为4个班，每个班40人，插入新闻班的1个组10人，每个班就变成了50人，规模适当，班级数量也没有增加，教学成本不会增加太多。后两年新闻班单独成班，41个人也与其他4个班的人数相当，便于统一管理。这就是新华日报社和省教育局联名致省委宣传部请示报告中所说的，该班"学习年限与南师中文系相同，为四年；两年中文基础课由南师负责，一年半的新闻专业课和半年实习，今后由新华日报社为主，南师大力协助"的来历。可以想见，从3月15日下午基本确定了录取人选，到3月30日新华日报和省教育局联名向省委宣传部递交请示，在这两周的时间内，新华日报社与南师校方就这个班的人员规模、培养方式、管理责任、毕业去向等各个方面的问题进行了反复磋商，敲定了诸多细节，最终作出了最符合实际、最便于操作，也是最合理的决定。

当时，南师中文系的师资力量之强，在江苏省乃至全国都可以说是名列前茅的。这里聚集了一大批享有盛誉的文史大家，如唐圭璋、孙望、段熙仲、徐复、钱玄、吴调公等，也有一批崭露头角的中青年学者，如谈凤梁、王臻中、陈美林、郁贤皓、朱林清、甘竞存等。在前两年的时间里，新闻班的同学跟中文系的同学们，一起聆听了这些老师们讲授的先秦文学、两汉文学、魏晋南北朝文学，讲授的诗经、楚辞、乐府、史记，讲授的唐诗、宋词、元曲、明清小说，以及中国近现代文学作品和当代文学作品；还学习了汉语语音语法、逻辑修辞、文艺理论，学习了散文、诗歌、小说、议论文、政论文等各种文体的写作方法；当然，马克思主义哲学、政治经济学、中国历史、世界历史、中共党史、外语等公共必修课也是少不了的。

当新闻班的同学们沉浸在中华优秀文化之中，滋养着自己的人文情怀，沐浴着人类文明的甘露一天天成长时，老樊和他的同事们却已经开始操心着两年后这个班的专业教学怎么办了。经老樊提议，报社党组同意，抽调了 3 位有经验、有能力、恪职敬业的同志——王寄忠、支德裕、薛恒淦，担任这个班的学业导师，负责教学组织工作和日常事务管理。王寄忠(1925—2002 年)时任新华日报社总编办公室副主任，河南罗山人，1945 至 1949 年就读于复旦大学新闻系，1949 年 2 月加入中国共产党并参加革命工作，先后在无锡工人生活报、江苏工人报、无锡日报、南京日报、新华日报任编辑、编辑组长、编委、主任等职。支德裕，时任新华日报政治处组宣组副组长，1954 年参加革命工作，1957 年加入中国共产党，1966 年从江阴县委办公室调入新华日报，负责报社的业余教育工作。薛恒淦，时任新华日报资料组编辑，1957 年参加革命工作，1960 年加入中国共产党，先后在南京人民广播电台、南京日报工作，1971 年从南京日报调入新华日报，负责内部刊物《报刊动态》的编辑工作。

据薛恒淦回忆，为了编制新闻专业课程的科目设置、课时安排等，王寄忠带着他专门去了趟上海，请教王寄忠当年的老师、时任复旦大学新闻系主任的王中教授，请他出主意。当时，中国的新闻教育正处于恢复重建的过程中，不仅缺乏教材，更缺乏人才。为此，1978 年 12 月，新华日报社曾给江苏省委宣传部、省教卫办、省高教局打报告，请求将原南师政教系和原江苏省新闻专科学校的两位曾经教授过新闻学的老师调入南师，以充实新闻专业课的教学力量(《关于进一步办好新闻班的请示报告》新华日报社 报党字[1978]第 10 号)。可惜，未能如愿。

无奈之下，只能自力更生。经新华日报社党组研究决定，新闻学概论由王寄忠主讲，新闻采访与写作、新闻通讯、新闻评论、报纸编辑、报纸版面设计、标题制作和新闻摄影等业务课程，由副总编金靖中和金惠凤、李承郁、高羽、郑昌鸿、刘向东、张成林、左克等资深报人分别承担。但是，主干课程中国新闻史一时找不到合适的人来讲授。老樊和王寄忠商量，决定派薛恒淦和支德裕去中国人民大学新闻系进修，学了回来教。作出这一决定的底气，既来自老樊对薛恒淦、支德裕两位年轻人的信任，更来自他与中国人民大学新闻系时任主任罗列的交情。

罗列(1921—2012年)1940年毕业于上海民治新闻专科学校。抗日战争和解放战争时期,他在苏北先后担任过《江淮日报》《淮海报》《滨海报》《苏中报》记者,以及《新东台报》《东台民报》总编辑,《新华日报》(华中版)编委和经理,还曾担任过华中新闻专科学校和苏南新闻专科学校的教育长,与老樊在工作上多有交集,两人结下了深厚的战友情谊。据薛恒淦回忆,他拿着报社的公函和老樊的亲笔信到人大见到罗列时,受到了热情的接待。罗列亲自带他去见甘惜分、方汉奇等知名教授,并安排他和研究生一起听课。

就这样,经过种种努力,1980年春季起,南师77级新闻班单独成班,开始了新闻专业课程的学习。当时,党的十一届三中全会已经结束,改革开放吹响了进军号,全国工作的重心正在由"以阶级斗争为纲"转向"以经济建设为中心",各行各业呈现出一派蓬勃向上、欣欣向荣的新气象,每个人都铆足了干劲,要为实现"四个现代化"而努力奋斗。老樊敏锐地预感到,科技知识必将成为年轻一代新闻工作者的基本素养。于是,老樊专门指示,给新闻班加开一门科技知识系列讲座课,邀请省内科技领域的专家学者来给学生们授课,传授前沿新知。这一决策再一次显示了老樊的战略性思维和前瞻性眼光。

1981年新闻班的同学们进入了4年大学的最后一年。这一年的上半年,按照教学计划,全班同学都进入新华日报实习。报社给每一位同学指派了一位指导老师。以我为例,我的指导老师是政法部记者吴友松。吴友松是建国初期华东新闻学院的毕业生,先在苏北日报工作,后调入新华日报,长期从事政法新闻的报道。他带我实习时,正赶上江苏省召开"两会",他就带我跑"两会"新闻。我跟着他参加大会、听取小组讨论,采访代表委员,寻找新闻线索,写消息,写通讯。印象深刻的是对政协委员陈绍恒的采访。陈绍恒是原国民党川湘鄂绥靖公署主任宋希濂的少将高参,当时已经72岁了。吴老师带我采访他后,让我写一篇人物专访。我花了一整个晚上的时间,写出了一篇2000多字的稿子,交给吴老师后,却被吴老师删去了一大半。他告诉我,新闻稿不要用那么多形容词,人物专访要写出人物的特点,重点是他想了些什么、做了些什么。经过吴老师修改的稿件最后以《增友情 促统一——访省政协委员陈绍恒》为题在《新华日报》上刊发。虽然只有900多字,但主题突出,人物特点鲜明,而稿件的署名却是我一个人。初稿被吴老师砍去一大半时我曾很心痛,但把刊发稿与初稿放在一起比较时，我才发现吴老师砍下的每一刀都那么精准，从中领悟到了很多。那一次实习，新闻班每一位同学都像我一样发表了作品，收获很大。班长周世康在《南京日报》刊发的评论《餐桌上的文明》，还获得了第二年(1982 年)的全国好新闻奖。全国好新闻奖那可是中国新闻奖的前身!

四、特　色

40 多年过去了，我作为南师 77 级新闻班的一员、现任国务院学位委员会新闻传播学科评议组召集人，回首看这个班的新闻教育实践，自忖似有可能从宏观和微观两个层面、从个人体验和理性分析两个视角对之进行比较全面的审视。我认为，这个班的新闻教育特色主要体现在以下几个方面。

其一，注重打牢学生的人文知识基础

从南师 77 级新闻班的筹建过程来看，4 年学制分成前后两段，前两年跟中文系学生一起上课，后两年单独成班学习新闻专业课程，是在当时条件下因地制宜的权宜之计，实属无奈之举。但是，现在来看，这种安排也许更有利于新闻人才的培养。新闻是事实的报道，新闻记者就应该是发现事实、探寻真相、提供报道的专业人士。如果不具有深厚扎实的人文史地知识功底，一个记者是很难具有新闻敏感，很难与人沟通挖掘素材，很难分析问题找出关键，从而写出有深度、有特点、有文采的新闻报道来的。

很多新闻单位的领导都反映，新闻传播学院的毕业生工作后上手很快但后劲不足，这恐怕与新闻传播学院培养的学生知识较为单一密切相关。为此，近年来面对媒体融合的大趋势，在“新文科建设”的口号下，一些新闻院校试行“二加二模式”，即新闻专业的学生头两年主要以学习各种人文基础知识以及相关的科技知识为主，后两年再专门学习新闻传播学知识。这同南师 77 级新闻班的教学实践如出一辙。不同的是，当年南师新闻班是不得已而为之，如今各高校的新闻传播学院是主动的选择，有意为之。

就我个人而言，两年基础课学习过程中，印象最深刻的一门课，叫“工具书使用法”，它就好像交给我了一把打开知识宝库的钥匙一样，让我终生受用。毫不夸张地说，在南师的前两年是我这一辈子读书最多、涉猎面最广的一个时期，为我今后的研究工作打下了坚实的基础，积累了必不可少的知识储备。

其二，强调理论指导实践

中国共产党创办的新闻教育一贯强调“党性原则”，强调“以人民为中心”，这与西方自由主义新闻观有着显著的不同。我实习时的指导老师吴友松，今年已经96岁了。他在2005年写的回忆录《忆海腾波——我的大半生》中，回忆自己1949年8月在上海考入华东新闻学院时的情景，有一段话很形象地说明了这两种新闻观的不同。他写道：“在学校，看到了‘全心全意为人民服务’‘报纸是集体的组织者、宣传者、鼓动者’的标语，与旧时‘上台做总统，下台当记者’，记者是‘无冕之王’的口号截然相反，我不理解，但参加革命的热情很高。”无论是当年的华中新闻专科学校、苏南新闻专科学校，还是后来的江苏省新闻专科学校，一脉相承的传统是坚持马克思主义新闻观，坚持党对新闻工作的领导。这一点也通过新华日报资深编辑记者的传帮带，被南师77级新闻班继承了下来。

另一方面，作为中国共产党在国民党统治区公开出版的大型机关报，重庆《新华日报》更加注重新闻报道的真实性和客观性，从而形成了“让事实说话、事实胜于雄辩”的办报理念。这样的办报理念也被后来的江苏《新华日报》继承了下来。理论不是空洞的，它是用来指导实践的。对此，我个人是有深切体会的。实习期间，我采写的新闻稿在事实上出现过两次错误：一次是报道政协小组会讨论时，张冠李戴把一位委员的名字搞错了；另一次是报道某地抗洪准备时，把“滞洪”错写成了“泻洪”。这两个差错见报后，《新华日报》都及时郑重其事地刊登了更正，并没有把责任推诿给“临时工”。这让我终生难忘。

其三，鼓励学生兼收并蓄养成独立思考的能力

南师77级新闻班正赶上了一个历史巨变的年代。党的十一届三中全会作出改革开放的决策，对越自卫反击战，真理标准大讨论，平反冤假错案，党的十一届六中全会作出彻底否定“文化大革命”和“无产阶级专政下继续革命”理论的决定……都发生在这一时期。八面来风，新说纷呈，许多既定的成见被颠覆，无数新鲜的知识被引入，思想的激荡极大地冲击了这批学生的心灵。

举个例子。通常认为,传播学是1982年春美国学者威尔伯·施拉姆访华后引介进入中国的。1983年中国社会科学院新闻研究所出版了第一本介绍传播学的书——《传播学(简介)》,传播学的知识才开始在中国大陆传授。但是,在我1981年的听课笔记中,就已经清楚地记载有诸如"舆论""意见领袖""二次传播"等传播学概念了。可见,当时老师们备课下了多大的工夫。老师们在讲课中不回避、不掩饰,对各种学说和观点兼收并蓄地加以介绍,也鼓励了学生们勇于表达自己的观点。这对我们这些正处于世界观形成阶段的77级中的"小字辈"来说,尤其重要。

记得,1981年春节前,《中国青年报》发起了"怎样刹住结婚大搞请客送礼之风"的讨论,我大着胆子写了一篇文章投稿,标题是《要为青年创造条件》。文章提出,随着人民的生活水平提高,再要求青年们办那种"一桌二椅,两人的铺盖放到一起"的喜事已经行不通了,全社会要给青年们旅行结婚创造条件。文章在讨论专栏头条发表后,我收到了许多读者来信。

其四,特别重视培养学生的动手能力

南师77级新闻班教学计划中的半年实习,实际分为三次实施:第一次是大三上半学期暑假前,新闻采访与写作课结束后,为期1个月;第二次是大四上半学期一开学,这次是编采评综合实习,为期3个月;第三次是大四下半学期毕业前,重点是校对、版面设计与标题制作,为期2个月。这3次实习让学生们有机会亲身体验新闻工作方方面面的实际操作,及时把学到的书本知识应用于实践,在实践中增强自己的新闻能力。

老樊有句名言:"当新闻记者,笔头不行怎么可以?"对于新闻专业的学生来说,读书是为了积累知识,实习是为了增强能力,但最终的效果是要体现在笔力上的。怎么样才能有效增强学生的笔力呢?新闻教育史上一直存在着师傅带徒弟的方式和正规课堂教学的方式孰优孰劣的争论。在我看来,南师77级新闻班的做法很好地结合了两者的优势。正规的课堂教学往往只是对现实的模拟,好处是能够让学生在短时间内学到一些基本的写作原理和方法。而提供更多的实习时间,并且有固定的指导老师带领学生进入新闻现场,则能够让学生在现实的实际操作中快速提高自己的动手能力。

周世康的事例就很有说服力。周世康入学前就是新华日报的通讯员,1975

年他曾参加了新华日报组织的为期 3 个月的通讯员培训班，当时带他的指导老师是理论组的编辑程晶明。1981 年上半年实习时，程晶明又成为了他的指导老师。当程晶明老师看完周世康采写的通讯《献身》初稿后，意味深长地对他说："读不读书就是不一样。你今天对报道核心的把握和对通讯这种体裁的把握，与 1975 年培训班时相比，大不相同了。"

综上所述，在我看来，新闻教育要想培养出合格的新闻工作者，首先要培养出一个正直的人，一个具有人文情怀富有同情心的人；其次，要培养他们树立起坚定的政治立场，成为让党放心的人；第三，要培养他们成为具有批判性思维，能够独立思考问题，有自己独到见解的人；第四，要培养他们善于沟通表达，成为能说能写，会讲好故事的人。我个人认为，南师 77 级新闻班的新闻教育实践达到了这些要求。

五、成　效

南师 77 级新闻班 41 人，入校时的平均成绩为 269.9 分，远高于扩招要求的最低分数线 240 分。看来，老樊当时风风火火地"抢人"，收获颇丰。41 人中，有 14 人是六六、六七届高中毕业生，占全班三分之一强。全班的平均年龄为 24.2 岁，略高于当时中文系其他 4 个班。其中，30 岁以上的 13 人，占比 31.7%；20—29 岁的 21 人，占比 51.2%；19 岁以下的 7 人，占比 17.1%。就入学前的身份来说，干部 2 人，工人 14 人，插队和回乡知青 15 人，应届高中毕业生 6 人，另有 4 人登记为"其他"。41 人中有工作经历的 33 人，占比 80%。其中，工作满 2 年的 8 人，超过 2 年不满 5 年的 8 人，超过 5 年的 17 人。就政治面貌而言，中共党员 3 人，团员 17 人。有 7 位同学已婚，有女生 8 人。根据当年高校扩招"试行招收走读生"的政策，41 人中有 19 人住校，22 人走读。

4 年后，1982 年初，无论住校的还是走读的，年少的还是年长的，全班同学都顺利完成学业，按时毕业。41 人中分配到省内各新闻单位的共 30 人，占比 73.2%。其中，新华日报 16 人，江苏人民广播电台 1 人，无锡日报、镇江日报等地市级报社 7 人，南京人民广播电台、无锡人民广播电台等地市级电台 3 人，县级报、台 3 人；分配到省委宣传部 4 人，省社会科学院 2 人；留校 1 人，考取研究生 1 人（后来又有 3 人考取研究生），其余 3 人去了诸如仪征化纤公司等企事业单位。

42 年过去,弹指一挥间,物是人非。如今,按平均年龄计算,这些人应该是 70.2 岁了。可惜,其中有 2 位已经去世。除了 2 人定居国外,少数几位当年的"小字辈"还在岗位上外,其余的都早已退休,开启了晚年生活。他们当中,有 23 人是从新闻岗位退休的,占比 56%。也就是说,这个班一多半人从事了一辈子新闻工作。有 4 人担任过省市县党委机关报的总编辑、副总编辑,有 3 人多次获得过中国新闻奖,有 1 人获得过长江韬奋奖(韬奋系列),有 13 人获得正高级专业技术职称(高级记者、高级编辑、教授、研究员、一级作家),有 5 人担任过博士生导师,有 6 人担任过厅局级领导干部。

2018 年新闻班纪念入校 40 年在新华日报社合影

寸有所长,尺有所短,过去的这 40 多年,全班每个人的职业生涯各不相同。但是,周跃敏或许可以作为这个班取得成效的一个标志。1978 年,周跃敏以知青的身份考入新闻班,那年他 20 岁。毕业后他进入新华日报,从记者开始,一步步成长为报社领导,历任新华日报下属子报扬子晚报社文体部副主任、经济部主任、编委、副总编辑,新华日报社副总编辑、总编辑、社长、新华报业传媒集团董事长。2018 年,周跃敏年满 60 岁,退居二线。用他自己的话说:“我这一辈子可以用三个一来概括:只学过一个专业——新闻;只从事过一个职业——记者;只待过一个单位——新华日报社。”从事新闻工作 36 年,周跃敏先后有 13 篇作品获得过中国新闻奖,并且还获得了中国新闻界个人职业生涯的最高荣誉——长江韬奋奖(韬奋系列)。目前,他担任江苏省记协主席。也就是说,46 年过去,因为南师 77 级新闻班改变了他的命运,周跃敏由一个知青变成了当年的老樊。

陈道龙可算是这个班另一种类型的代表。入学前他是南京秦淮区饮食办事处下属一家餐饮店的店员,每天做元宵炸麻团;毕业后进入新华日报社,先做编辑,后当记者,此后一直都在记者岗位上直至退休,没有担任过任何行政职务。他当的记者是记者中最艰苦的那种:调查记者。从事舆论监督报道 26 年,他成为全国媒体中坚持做舆论监督报道时间最长的记者之一。职业生涯中,独自或与他人合作采写的舆论监督报道致使 80 多位当事人受到党纪政纪处分或刑事处罚,其中有 4 人被判刑。2009 年,陈道龙被评为高级记者。他也因舆论监督作品先后 4 次获得中国新闻奖,还获得江苏省第四届“好记者讲好故事”演讲选拔赛一等奖,并被推荐参加全国“好记者讲好故事”演讲比赛,获评优秀选手并被通报表彰。

即便没有从事新闻工作的同学,也在他们各自的岗位上卓有建树。比如许海燕,入学前他是六七届高中生,由于他在外国文学,尤其是俄罗斯文学翻译和研究上显露的才能,毕业时被南师留用,从教之余出版专著《中西文化交流史》等 3 部、译著《人生论》等 8 部,成为外国文学研究领域的著名学者。再比如叶南客,这位入校时不满 18 岁的应届高中毕业生,毕业后进入了江苏省社会科学院从事研究工作,历任副所长、所长、副院长,后调入南京市社会科学联合会、南京社会科学院任主席、院长。他先后在《中国社会科学》等期刊发表论文 200 余篇,出版专著 30 多部。研究成果有 1 项获得了中宣部“五个一工程”优秀成果奖,有 3 项获得江苏省哲学社会科学优秀成果一等奖。目前,叶南客是南京金陵老年大学副校长,同时兼任南京大学、南京师范大学、河海大学教授、博导。

40 多年后的今天,向来路回首,抚时光追问:当年南师 77 级新闻班办对了吗？办好了吗？回答是毋庸置疑的肯定。这样的一份成绩单，足可以告慰为南师77级新闻班呕心沥血的老樊，以及其他前辈们；这样的一份成绩单，也对得起当年为这个班提供支持和帮助的南师校系领导和老师们，以及为之付出过努力的江苏省委宣传部、省教卫办、省高教局；这样的一份成绩单，也对得起党和人民的培养，对得起他们所处的那个时代。

六、余　论

2018年5月26日，在中国人民大学新闻学院主办的"中国高等教育学会新闻学与传播学专业委员会第八届理事会换届会议暨改革开放四十年与新闻传播教育发展论坛"上，我作了一个主题演讲，题目是"给'部校共建'一个抓手"。所谓"部校共建"，指的是由地方党委宣传部和主要新闻媒体与当地高等学校新闻传播学院资源共享、合作共建，培养政治立场坚定、业务能力过硬、管用好用的新型新闻传播人才。一般认为，这起源于上海市委宣传部与复旦大学双方资源创新融合，合作共建新闻学院的做法。2013年底，中宣部、教育部联合发出《关于地方党委宣传部门与高等学校共建新闻学院的意见》(中宣发【2013】34号)，并在上海召开了部校共建新闻学院现场会。随后，"部校共建"如火如荼地在全国铺开。我在演讲中介绍了南师77级新闻班的办学实践。我说，要论"部校共建"的早期探索者，南师77级新闻班当仁不让。

会后，一些对此感兴趣的新闻传播学院院长与我交流，他们共同关心的一个问题是，南师77级新闻班这么成功，这种办学模式在今天能不能复制？我明确告诉他们，以我之见，不能！我认为，南师77级新闻班是中国新闻教育在特定历史条件下出现的一个非典型样本。它的独特性体现在以下几个方面。

首先，这是在中国由计划经济向社会主义市场经济转型过程中变革创新的产物，应时而起，顺势而为。这样的历史时期不可能再现。

其次，它遇到了一位热心于新闻教育、具有战略性思维和前瞻性眼光，又掌握了一定权力的不可多得的报社领导——樊发源。可以说，没有老樊就不可能有南师77级新闻班。

第三，新华日报与南师合办新闻班，其初衷在于从中选拔优秀人才为我所用，所以它就能像培养亲儿子一样倾其所有在所不惜，现有的制度安排排除了这种可能性。

第四，特定的历史时期造就了特殊的学生来源，像南师77级新闻班这样的生源以后可能不会再有了。

但是，南师77级新闻班的办学实践确实是值得总结和研究的。在当今构建具有中国特色的学科体系、学术体系、话语体系的时代背景下，这个非典型样本中也许就蕴含着一些有益于构建具有中国特色新闻传播教育体系的宝贵因素。

（写于2024年3月）

（**注：**唐绪军系南师77级新闻班学生，现任国务院学位委员会新闻传播学科评议组召集人，曾任中国社会科学院新闻与传播研究所所长、中国社会科学院大学新闻传播学院院长）

我们一组

学期间，一组同学合
　前排从左至右：
丽亚、李燕、赵向华、
锡良、宋晓男；
非从左至右：江锡民、
东午、童爱兵、周世康、
刚勇。

圆　梦

文/周世康

平生中最难忘却的一个表情是在 50 年前。1968 年暮秋，城里的学生被动员下乡，家在农村的学生被通知回乡。实际上我早从 1966 年秋天起就在生产队挣工分了，但那时毕竟还是应届高三毕业生的身份，还有恢复高考的梦想。上山下乡的号角吹起，大学的门就呼的关上了。十月底的一天，我从南通中学把留在宿舍的最后一点杂物带上，买了一张 6 毛 5 分钱的船票，坐上南通到吕四的“汽油船”(小货轮，低矮的船舱内有几排长木凳，能坐四五十人)，顺着通吕运河向东航行了 5 个多小时后，回到了家。父亲与队里几个男劳力正把分户保管的种子抬到我家。这些乡邻都跟我招呼，唯父亲，一言不发，一脸木然，双眼低垂，任何话语都不搭腔。这种极度沮丧的状态一直延续到晚上。父亲的神态也深深地刺痛了我，我深知自己是父母的希望，全家的希望，现在这希望破灭了。我觉得伤害了父母和全家。

1977 年暮秋，恢复高考的消息来了。当时我被借用在地区机关不到一年，依然农村户口。一天傍晚我回到家。母亲用队里刚分到的山芋煮了粥，从自留地里挖了还在生长期的芋艿烧了我最爱吃的芋艿扁豆。晚饭桌上，我把事情说一遍，请父亲拿个主意，考还是不考？这年，我 30 岁，父母都是 66 岁。父亲沉吟了一会，说：“你现在已成家了，有了孩子，自己定吧……”饭后，星斗满天，万籁俱寂，疲惫的乡村沉沉入睡。茅屋内一灯如豆，我与依然在做着“男全劳力”、劳累了一天的父亲相对而坐。父亲忆起了我当年读书的点点滴滴，最后说了句：“你们兄弟姐妹 5 人，两个哥哥读得最多的只有小学五年级，两个姐姐没上过学，你上的学是全家人勒紧裤腰带供的，不容易啊。”十年前父亲的那个神态和此刻他的话语，在我内心迅速汇聚成一个决定：不管多难，考！

2018 年 8 月 25 日,四同学乘直升机飞上北美第一高峰麦金利雪山。

于是,我走进了考场,走进了南师新闻班,走进了新华日报的大门。

父母分别于 1985 年和 1999 年去世。无论是父母在时还是远去后,几十年来,我每年都回家过年,即使雨雪纷飞也总是赶在除夕夜团圆饭的鞭炮声响起之前跨进家门。父母不在后,我依然睡在当年的老屋(屋面由稻草改成了瓦片)内,岁月深流,不易觉察,渐渐物是人非,有时夜半醒来,内心常常是百感交集。

去年,我在家乡海门结识了一位研究海门盐业史的老者,他告诉我说,我家这一支周姓,祖先是盐民。烧盐居世上最苦职业之首,而盐民的社会地位极低,连官府分配的“学额”都没有。这话语,又触动了我那最深层的情感……在这全班同学聚会纪念入读南师 40 周年的时候,我真诚感谢那一次高考机会:她成就了一个“寒门学子”,使一对老人在近 70 岁时终于梦想成真。

(写于 2018 年)

我为家乡写《传》

文/周世康

2015 年底,我卸去最后一个社会职务;2016 年,虚龄 70,春天,我回老家。正值油菜花盛开,金灿灿一片,近看花朵黄艳,远观大气恢宏。空气中有淡淡花香,耳畔有嗡嗡蜂鸣。人们说,诗和远方;我此时感觉,诗和家乡。我就是在这里出生、上学、长大、成家,受过这块大地和父老乡亲们无限滋养。这里是我生命的起点,人生的启航地。30 岁离家而今 70 岁回,该为家乡做点什么呢?但我能做什么呢?“百无一用是书生”,我一生唯有一支笔,写点二三流文章而已……正在游移不定之时,看到了一本书——《伦敦传》,突然眼前一亮:为什么我不能写本《海门传》呢?不知怎的,这个念头一经浮现,竟挥之不去,才下眉头,又上心头。而且那时不知怎么来的一股倔劲,顽固地坚持这一想法,竟没有反问一下行不行,怀疑一下能不能,就一抬腿迈了出去,这一开步就是 5 年。

文章千古事,得失寸心知。这 5 年甘苦,岂是几句话能够说得清!为史料、史识、史见,多少个夜晚辗转反侧,脑子里一团乱麻。为找书、找资料、向人请教,我频频来往于南京和海门两地。我原以为两年足矣,岂知翻一番还拐了个弯。我原以为资料不少,一细究发现空缺也不少,尤其是古海门。我原以为在不少问题上已形成定论,后来经多方请教,发现有些定论难定……更大的困难是自身能力不够,我学新闻出身,对历史知识知之甚少,更谈不上系统、专业的训练。记者的笔要按照历史的节奏、区域的特点流泻出史学的内容,这就是《海门传》的要求,但我离这个要求差距较大。《海门传》的大纲拟了六次,至第六次时回看第一次,面目全非。分章撰写的稿件,在一章完稿后改,拼入一个部分时改,拼接成全书时再改,仅成书稿后就又改了三次,分别从 80 多万字到 70 多万字到 50 多万字,再在书首加前言,书末加“大事记”。

幸好我不是一片独航于江海的孤帆，有一批海门的新老朋友，一批对海门文史有研究有造诣的老先生倾力相助，悉心指导，才使我终于经过 5 年时光完稿成书。有相互商量出主意想办法的，有提供资料提出建议提供信息的，有给予鼓励给予关心及时解决具体难题的……这些帮助，有如春风吹拂，春雨润物，给人力量，催人奋进！我为《海门传》虽然倾注了心血，但谈不上贡献。我唯一的作为，是把从公元 958 年五代十国时期后周设立的古海门县到清康熙海门乡、到清乾隆海门厅再到民国海门县的 9 本志书①，前后串接贯通，旁阅其他资料，予以适当增减，成为千年海门的一部传记。为了确保完整性和准确性，本书必须有大的历史过程性叙述和必要的背景性交代；为了典型性和生动性，本书必须突出重大事件、主要人物和主要场景。然而，想法是一回事，具体动笔过程中又是一回事。因资料多少与有无、内容不能倚轻与倚重、行文必须张弛而有度等等，真正兑现想法很难。我想，我仅仅是作了一种尝试，开了个头，期待后来者扬弃并创新，写出高质量的海门传著，那是对我的最大奖励。此书得到了江苏测绘工程院一位启海老乡的倾情相助，他提供了搜集自海内外的海门古地图，刊印于本书，实属难得，弥足珍贵，增加了本书的历史厚重感！

在撰写《海门传》的 5 年中，心中那一股对海门先人礼敬的感情，越来越浓烈。所有志书的作者，所有吟唱海门诗词的作者，所有书写海门人事景物文章的作者……是他们留下了历史的记录，岁月的印痕，留下了海门大地上曾有过的笑声歌声哭声，曾燃过的灶火灯火战火……因为有了他们，我们才知道祖先来路，沧桑之变，才知道故土厚重，创业维艰，也才使我有路径可循，有史料可本，终于勉力完成了据说起码是江苏的第一本千年古县的传记。

在我撰写《海门传》的过程中，海门正紧锣密鼓地进行一个文化工程建设，即筹办江苏省江海博物馆。2018 年 5 月 18 日上午，博物馆正式开馆。在展馆第三厅《江海门户 沧海桑田》的“先贤华章”板块，展陈了从北宋至 21 世纪初的 25 位先贤。当我随着川流不息的人群来到他们的业绩介绍前，内心充满崇敬和感动：崇敬于他们的贡献，感动于海门人永远铭记着他们。一个想法就在此时萌生：要

① 有史料称海门志书有 11 本，另两本是编而未出版的尹玺的明成化《海门县志》和张先登的明万历《海门县志》。

为他们著书立传——因为，他们代表了千年海门历史中的众多英雄。

《海门名人传》动笔于《海门传》完稿之后。

25 位展陈于江海博物馆的海门人，在当下海门人中知名度高低悬殊，原因之一在于逝去时间的长短和奋斗领域的宽窄，之二在于留存资料的多寡及搜寻资料的难易，之三在于见诸媒体的频率与篇幅的差异。曾经考虑过是否不必全部列入，后来还是抛弃了这个一时冒出的念头。这组名人名单，是当初政府有关部门由下及上、由上及下，专家群众领导几番磨合，经过了科学合理论证而产生的，具有准确性和权威性。既然为之写传记，必须保证其完整性。在历经了图书馆、档案馆、烈士馆、其后人、其故乡遗存及研究专家等的多方协助查找，在经历了广泛搜索、左右比对、前后查证的反复历程后，终于一一完稿。当然，这组人物不一定能全部代表海门历史上全部杰出人物，千年海门，饱经沧桑又屡挫屡起，白手起家又力追辉煌，其间的仁人志士岂可胜数？但至少他们本身入选是当之无愧的。他们纵横于海门历史，尤其是在海门自身转折转型转身的关键时刻，他们中一些人排解了当时海门的急事难事大事，助力了其后海门的走向走速和高度。这组人物不全部是海门人，但海门人记住了其中的外乡人——海门人为宁波人沈起建生祠，为东北铁岭人徐文灿建祠立碑，为崇明人沈惠农塑像，为湖北枣阳人秦超建墓并刻石记功……海门人感恩他们，惦念他们，铭记他们。这组人物中的海门人，不全部奋斗于故乡本土，而且奔忙在不同的领域。但只要是有功于人民，贡献于国家，海门人都为之骄傲、自豪，家乡人永远记住他们，故土的历史书写中一直有他们的名字。

撰写《海门传》的几年，我时时感到的是一个整体板块的波动、起伏、前行，是海门人群体的奋争、不屈、终至站向潮头。而今，这一组名人的人生组合，使我登上一个高度，能够更清晰更广角地观看海门的历史。这组人物，都是行动者。他们成就的事情，都是自己首先做起来。一经认定，一旦起步，纵使千难万险，也不停步，更不退缩，百折不回，强毅力行。他们都是“成大事必重细节”的实践者，伴随着决心的始终是细心、耐心、精心，他们都是尽自己最大努力把事情做到极致的人。他们都是思考者，在由自己的艰辛熬出来的教训中，在由自己的身心拼出来的血泪中，在经历起落遭遇沧桑的变化中，他们沉思、反省，他们由此得到的认识比书本具体、比趋势明确，他们不断调整方位，与时俱进。他们都是温暖的人，他们关心难者、贫者、弱者，正是这种家国情怀，使他们眼观大势，心谋当下，手干实事，留下了可敬可书的功绩。他们是海门人的杰出代表，他们身上具备海门人的特别能吃苦、特别求精致、特别重文教、特别善变通的气质，并且更为集中，更加典型。

我要感谢这 25 位先辈名人，我“陪伴”他们两年，在阅读资料、仰望其人生轨迹的过程中，受到了难以尽述的教益和滋养。我要感谢所有给过我帮助的人，这种温暖包含方方面面。北京的一位老者曾给我传来远在他乡的某人微信名片，说是此人可能熟悉有关情况。那时，我何等感怀！两年中，每当我写到谁，就会在一些场合，问询旁边的海门人：“你熟悉吗？”回答中，不熟悉的比例不小，由此，我更感到肩头的责任。

2023 年 7 月 3 日，在第 13 届江苏书展（苏州）举行的《海门传》新书发布会上现场演讲。

《海门传》和《海门名人传》出版后，家乡都举行了隆重的首发式，这是故土对家乡人情义的升华，我内心无比感动！在 11 月 28 日下午的《海门名人传》首发式上，江苏人民出版社原社长、现凤凰集团负责人在讲话中对海门“两传”给予了评价，他说——

“大力弘扬海门地方文化和传统文化,让海门人寻找自己的根脉,让海内外海门人牢记自己的故乡,让海门青少年以先人为榜样,振兴乡梓,报效祖国,其意义非同寻常……”

“《海门名人传》选取了自古至今的25位名人,在海门历史上众多杰出人物中极具代表性。他们搏击风云,强毅力行,心系华夏,以身许国;满腹经纶为中华文明添砖加瓦,一腔热血为中华崛起矢志奋斗。他们是人中豪杰、国之功臣。这45万字的皇皇之作,为海门大地树碑,为海门先贤立传。”

“无论多么灿烂的文化,无论多少名扬天下的海门名贤,如果没有卓越的记载者,就不会成为庞大的精神力量而只会零散地成为人们的谈资。《海门传》和《海门名人传》的出版,使海门文化成为系统化、可传诵的文本,大大避免后人的艰巨搜寻挖掘,也使海门先人找到了重生的依据。功莫大焉,善莫大焉……”

这评价过高了,实在是为我今后的继续书写树了一个标杆。

海门,于江海交汇处诞生,从波澜壮阔中走来,历千磨万击仍挺立,得星光灿烂而勃发。海门,如杜甫诗所写:“星垂平野阔,月涌大江流”,壮美如斯!一位友人看了我写的“两传”后说:“海门有你真好”;而在我则始终认为:海门是厚地高天,自己只是一草一叶,虽竭力为故土增添绿色,不过“谁言寸草心,报得三春晖”?

(写于2024年)

一生两支笔　文画说常澄

文/陈锡良

1982年初，我自南京师范学院中文系新闻专业毕业后，被分配到常州报社当记者，负责采访报道常州市纺织系统的新闻。我深入企事业单位，积极联络通讯员，虚心学习老编辑老记者的敬业精神。当时“文革”结束没几年，还要拨乱反正，在采访中听到一些基层干部、工人在“文革”中遭受冤屈的诉说，要求平反。我多次走街串巷，上门核实时间、地点、相关人员、事情原因，写成内参，交总编室。事后在编辑、记者会议上，总编传达了市委表扬我内参写得合情合理，此事

龙虎山写生为纪念辛亥革命在沪作画

加深了我关于新闻工作对社会能动作用的理解。

因我老家在江阴农村，家庭有困难，在报社3年后，申请调入新办的江阴报社工作，便于农忙时照顾家庭。我在江阴报社任政文科长。在医院采访到手术医师的苦衷：血库供血不足，某种血型血缺乏，便写了长篇报道，希望卫生局尽快建立血站。后来，新任血站站长高兴地对我说："你的报道确实起了推动作用。"

陈锡良连环画《中国机器人之父蒋新松》

后来组织安排我调入江阴市司法局，任副局长。这一岗位看上去与新闻工作脱离了，其实不然，南师四年所学的新闻学系统知识，成了我做好工作的基本功。每当国家新颁布法律和省市颁布新法规，我都会及时组织各乡镇司法科开展宣传教育。每年12月4日的"宪法宣传日"，我也会组织律师上街设摊宣传。人民调解工作则经常到基层服务。在我任江阴市和无锡市人大代表期间，每年召开政协、人大会议，我都事先写好意见建议，对于重要的议案，会上联系10人以上写议案，交主席团。闭会期间，如出现交通事故、环境污染事件及老城改造工程问题，我都不失时机撰写文稿，呈人大常委会监督政府处理。

我从小就喜欢写字、画画。入读南师新闻班后，记得支德裕老师对我说过："你学新闻，手中的一支画笔不能丢。"因此我无论在常州报社、江阴日报社，还是从司法局调到江阴市文联任副主席，甚至退休10多年来，一支新闻笔、一支画笔，犹如双枪将，一直在社会舞台上驰骋，发表新闻速写，刊登插图、风俗画，创作新闻性漫画、人物画。1997年中科院沈阳自动化研究所所长、中国机器人奠基人、江阴人蒋新松去世,全国各大报纸宣传他的事迹。我凭长期养成的新闻敏感,及时赶赴沈阳采访,同时在他就读的江阴学校、故居采访细节,收集图片,创作了连环画《中国机器人之父蒋新松》,由中国科普出版社出版。毕业以后,我先后画了反映江阴八十一天反清抗暴守城的《喋血孤城》《千古奇人徐霞客》《青鸟——医学博士程毓斌》《吴歌春雷》《江上抗倭》《高僧巨赞画传》及应邀编绘江苏省锡剧团的民国大戏《锡剧紫砂梦》等,共创作出版了 8 本连环画和《铁面仁心杨名时》《破解周旋身世之谜》《黄毓祺传》等 3 本人物传记;还撰写 50 多篇徐霞客研究论文和创作廿多幅国画,汇编成《徐霞客研究文图集》;创作了 150 幅江阴名人水墨肖像画。每画一个人物、每写一个事件,每著一本书,我都四处奔波采访,广泛收集相关资料,寻找和核实细节。我还自费自学创办"陈锡良个人艺术网站",相当于在互联网上办了一张小报,刊登大量绘画作品和文章,每年续费,坚持 8 年。我不写虚构性的小说,无论写作绘画,都贯穿实打实的新闻采访功夫,回想起来,这都得益于在南师新闻班四年的学习和新闻实践。

我非美术科班出身,创作的图文题材主要来源于江阴乡土,虽然这几十年来为此耗费了大量的精力,但我虽苦犹乐,乐此不疲。今年我已 78 岁,我的人生感悟是:学了新闻学,在任何岗位都能发挥作用。

(写于 2024 年)

人生南北多歧路　歧路何尝非正途

文/秦京午

人生南北多歧路，是《儒林外史》开篇词的首句，人到暮年，蓦然回首，恰巧是我在高考前后乃至职业生涯的写照。

2022 年 12 月 10 日，我登上 77、78、79 级新三届“众得邮轮学堂”，开启前往日本福冈 6 天 5 夜的旅程。与 220 多新三届同学闲聊时，我说众多老三届是从当年考上大学开始专业学习的，而我是 1963 年开始专业学习的，竟然无一人相信。他们显然忽视了“文革”前还有众多中专学校的存在。

我于 1951 年 3 月 11 日出生在南京八一医院。因父母经常工作调动，我先后在北京上了草厂小学和育鹏小学，后到南京上了琅琊路小学、卫岗小学、再回琅琊路小学，最后到小营小学。在三年级时我看了一本苏联人写的启蒙书《大自然的文字》，从此爱上了读课外书，成绩也开始逐渐在班上拔尖。

1963 年初夏，在南京小营小学临近毕业时，突然有一天我父母问我，长大想干什么？想考什么大学？我当时不假思索地说，想当天文学家，想考北大清华。我父母亲都是抗日战争时参加新四军的干部，当时父亲在南京军区空军司令部任办公室主任，母亲在南京大学地质系工作。他们告诉我全国只有南京大学有天文系专业，将来就考南京大学吧，不过南京大学天文系可不好考呀，6 门功课不能有一门差，才能考上。后来才知道是老师推荐我报考即将创办的南京外国语学校并征求父母意见。我父亲非常高兴，因为他参加过抗美援朝，还参加了板门店谈判，而父亲读过几年私塾，却不懂外语，感到极不方便。母亲则有所犹豫，但考虑到服从组织而没有表示反对。

我顺利地考上了南京外国语学校，学习法语。入学教育时老师就说，我们每人上一个月的课，国家要花费 100 元人民币，学不好可对不起国家与人民。同时老师要求我们学习法国文化地理历史,免得将来闹笑话。为此在课余时我看了很多参考书,特别关注了中国人写的关于法国启蒙时代和空想社会主义的小册子,其中笛卡尔、卢梭、圣西门、傅立叶等等对我产生了潜移默化的影响。

1968年短暂地复课闹革命,部分老师知道我"文革"中仍然坚持读书,特别是读《反杜林论》和复习法语,按照当时"兵教兵"、学生教学生的要求,竟然推我上讲台讲了培养接班人问题和缩小差别问题。我不知从何处抄来观点,谈了缩小四大差别,即在城乡、工农、脑体三大差别上,再加了一个集体所有制和全民所有制差别。课后有同学私下问,这最后一个差别实质是什么,我竟无言以对,想想有点可笑。

转眼上山下乡、"四个面向",1969年我和几个同学"面向工矿",去了为扭转北煤南运和战备双重任务而开发的南京煤矿。我带去两本书:一本是《斯大林军事文集》,一本是《左传选》,是我在收破烂处几分钱淘来的。《毛泽东选集》中多次引用《左传》,不想《左传选》也被没收。

随后中央开始动员读马克思、恩格斯、列宁的6本书,也开始读法家和儒家著作,我附庸风雅看了不少春秋战国时的古籍。对我影响大的是《荀子》和《吕氏春秋》,还有《老子》《庄子》;我还从煤矿图书馆借了许多书,二十四史中从《史记》读到了《新唐书》。随着林彪集团垮台,我父亲于1972年底平反了,但我的状况并未改善多少。特别是20世纪70年代中期,国家从国外引进先进设备,缺乏外语人才,江苏实行南京外国语学校学生重新分配,但重新"根红苗正"的我却未能重新分配。我母亲在南京大学得知此消息后,也曾努力过,可招工"窗口期"已过。1976年5月将我调入南京汽车修配厂当了机修钳工。

1977年恢复高考,我因为只是初中毕业,最初未敢报名。报名期结束的前一天,在同事鼓励下去报名。但当时我已年满26岁,超过了报名年龄上限的25周岁,又不是66、67届高中毕业生,招生办不让报名。后来我说有特长,"文革"前在外语学校读了3年,才让报名,但必须报外语专业,不过我仍在第二、三志愿报了历史和哲学,因为有点气,未填服从分配或是调剂。

1月2日,我考完法语口试,1月16日,厂里通知体检,通知说我们三人总分及格,并未公布分数。到3月初听说许多人拿到了录取通知书,而我厂三人无一拿到。我们厂的老厂长刘廷钧出了介绍信派人到省教育局,询问我们三个参加体检人分数，直觉认为三人不可能都是最低档分。回答是优先录取知青和回乡知青，而老厂长认为与择优录取原则不符。对方另外拿我报名表说事，说我未填服从分配调剂，要我赶紧改填志愿服从，目前中央要求扩招。老厂长立即电话打到车间，命令我立即停下手头工作去教育局改志愿。我母亲怀疑我的档案出了问题，通过关系才查到我档案中没有我父亲的平反通知书，却有现行反革命的材料……4 月 4 日我接到南京师范学院新闻班的录取通知书。直到 2008 年我才知道，在我考大学的过程中，老厂长刘廷钧成了我的贵人，一是实事求是地改写了我的档案，二是去省教育局询问我们的分数，三是让我去修改志愿，我才有惊无险地搭上高考后首批大学生的末班车。

新闻班临毕业之际，一天早上上课前，薛老师叫上我，征求我对分配的看法，说我可能改行，但也合适我的情况。我并未多考虑当即表态服从分配。我被分配到了江苏省进出口委员会即外经办。1982 年初我去省政府报到，正值国家进出口委改革(后取消了进出口委)，偶然发现新公布的硕士研究生招生广告中，有招考准备留学法国学习法国哲学的两个名额，我立刻动了心思，想考此专业研究生，报告领导同意，并征询了部分南京大学哲学系外国哲学老师的意见，他们当然鼓励我报考。但我一看上年考试题目，竟然考黑格尔、康德原著，而我只读过康德的一篇名作，于是临时改变志向，报考本行中国社会科学院研究生院新闻系新闻业务专业。出乎意料，我当时考了新闻业务专业总分第一名，且门门及格，而当年原拟招生 50 名，门门及格仅有 4 人，原拟招 50 人只招了 25 人。报到时接待老师来自新华社，他问了我的名字和学校，感慨地说，南京师范学院教学水平真高。因为我们同时报考的来自新闻班的 3 人(另两位为宋晓男、刘用亚均被录取，录取率为百分之百，还拿了一个第一)。回顾以往，才感叹一路学业，小学、中学、大学和研究生的老师是多么优秀！

1985 年我研究生毕业后到刚创办的《人民日报》海外版工作，从事经济报道，工作 28 年后，至 2011 年退休。值得自豪的是，有几次报道经历让人印象深刻，也获得了社会认可。在纪念改革开放 20 周年时，各大媒体均报道成立投产于 1980 年的北京航空食品公司是新中国第一家中外合资企业。我根据多年搜集的资料，撰文指出，成立于 1951 年的中波轮船公司才是共和国批准并运营至今的第一家中外合资企业，文章发表后曾有人质疑我的报道。2016 年，国家主席习近平在波兰《共和国报》发表题为《推动中波友谊航船全速前进》的署名文章中指出,中波轮船公司是共和国第一家中外合资企业。

1995 年在澳门采访时留影

我曾在新世纪初赴西北采访多处核工业基地,写了一篇 300 多字的内参,当时吴邦国副总理看到后批示拨款 9000 万元给某基地,轰动了核工业领域,业内记者笑称是一字值 300 万元。

2002 年,在参加纪念《联合国海洋法公约》生效 20 周年研究会后,我写了一篇内参,要求保护中国海洋权益和修改教材的内参,得到军委领导人批示。教育部、外交部、海洋局、海军、人民教育出版社举行座谈会,讨论修改教材。海军方面打电话到报社表示感谢,实现了他们多年未成的修改教材的夙愿,国家海洋局也来信表扬。以此内参我还成为北京郑和研究会的一届常务理事，参与了 2005 年纪念郑和下西洋 700 周年纪念活动。

1987 年我撰文建议制定保险法，还参加了 1988 年举行的论文评选。2005 年至 2009 年，我曾多次撰写有关中国台湾、南沙群岛、西藏和中国海洋等问题的内参，特别是西藏问题内参，经中央政治局常委批示，纠正了一个流行几十年的错误报道与提法。

参加南师大北京校友联谊会时留影

由于我在上大学和研究生时又学习了英语，到了 20 世纪初，我买了本日本人写的语言学教科书，了解世界众多语系分布情况和亲缘关系，多年后恰巧在 2010 年上海世博会上采访芬兰总统时派上了用场。芬兰语与中国满族语言存在类似及亲缘关系之处，我先用英语提一个语言学问题，后用中文提问，由于语言学语系词汇太过生僻，芬兰乌戈尔语族、阿尔泰语族等等，中国、芬兰翻译均未能翻译出来。但芬兰总统却回答了这个问题，他说，芬兰语在欧洲是个小语种，来自亚洲，中芬在语言上是亲戚，亲戚就应多来往。采访异常成功！ 2011 年临退休时我采访福建泉州，探寻福建泉州一带是南岛语系发源地问题，令许多博物馆学者惊讶,说从未有人提出从这个角度考察中外文化交流。南岛语系从泉州一带起航,数千年间到达北至夏威夷、东到法属波利尼西亚、西到非洲马达加斯加岛……

回顾我一生中最重要的3场考试,考中学和考研究生感觉较为轻松,唯独1977年考大学甚为艰难、曲折,而又峰回路转,大有时来天地皆同力之感慨!感恩周恩来20世纪60年代初决策在全国办8个外国语学校,感恩邓小平决策恢复高考,也感恩南京汽车修配厂老厂长刘廷钧!

回顾学习与职业生涯,从天文、外文、煤矿工人、机械工人、新闻大学生、政府职员或是商人,到研究生到新闻工作者,真是人生南北多歧路,但歧路未必不是正途!

(写于2024年)

致我们已经逝去的青春

文/江锡民

离开大学校园已经36年了。

离别夜却还在眼前:1982年2月,那是一个冬夜,双层铁架子床上占据一半铺位的书本典籍早已捆扎完毕,旧旅行袋塞得鼓鼓囊囊歪在门脚;掉了色的老课桌,两张两张拼在一起呈一字形排开占据宿舍中央,上面散乱着各色搪瓷饭盆,盛放着些食堂买来的卤菜。低劣烧酒的味道在空中凝滞,男生们大口大口灌酒,不知是谁带头唱起了忧伤的曲调,“送战友,踏征程,默默无语两眼泪,耳边响起驼铃声;战友啊战友,亲爱的弟兄,一路多保重……”

大学期间,(从左至右)戴心平、江锡民、周跃敏合影。

离别的场面总是凝重,其实八十年代青春主旋律是欢愉的。

那是一个拨云见日、重归理性的时代。作为恢复高考后第一届大学生,我们幸运地从早已令人厌倦的政治喧嚣中抽离出来,走向书桌的宁静。大学校园,知识圣殿,课堂整洁,花木葱茏,师长谆谆,学子殷殷,“为早日实现四个现代化,向知识的海洋进军”的共识弥漫整个校园。黎明即起,课堂、操场、树荫、草地,随处可见晨读学子;子夜不归,教室、宿舍、楼道、门厅,几乎是有光亮处就有挑灯书生。“文革”后解禁的外国电影,成为中文系学生特别课程。虽然电影散场经常在深夜12点后,公交早已停运,学生们步行一小时走回学校,依然精神勃勃,梧桐树长街里,橙黄色灯影中,学子们仍然在争论:包法利夫人的婚姻,高老头的性格,欧也妮·葛朗台的命运……新开设的政治经济学课,让77级学生倍感新鲜,“推动历史前进的动力是什么”,教授布置的课堂作业,引发好打口水仗的莘莘学子大争论。虽然大多数人思路习惯按照经典答案走,但独立思考者已如校园草坪春叶葳蕤。“我觉得,人类的欲望是推动整个文明发展的最大动力”,1980年就标新立异地发出如此回答的S同学,当年只有19岁,脸上布满粉刺,小组讨论时脸蛋涨得通红;如今他已成为大洋彼岸的一家华文传媒老总,后又成功转型为华商,《人民日报》用近半个版的篇幅对他进行人物报道。

青春和爱情须臾不能分离,哪怕是崇尚精神生活的八十年代。“江山代有才人出”,其时吸引眼波流离的才人,不是高富帅,而是指点江山激扬文字的书生。谁在《收获》《当代》《十月》《钟山》上发表了小说诗歌,谁在大型报刊上有署名文字,都会在年轻的心底激起涟漪阵阵。才貌双全的女神更是目光聚集的焦点。有位仁兄,也是帅哥,为追逐女神,写完诗歌写小说,练了短跑练标枪,最终未收获女神青睐,却收获了一副掷铁饼者的好身板。这副好身板引动不少芳心,掷铁饼者“任凭弱水三千,我只取一瓢饮”。情之所动金石不开,倒成就了这位仁兄屡败屡战的韧劲,毕业后在商界颇有斩获,还赞助了一次同学聚会。此乃后话,且按下不表。

校园作别,各自打拼。后来有人升官,有人出国,有人转战商场,更多人却是卧槽本职安身立命。青春何时从我们的躯体和灵魂中逃逸?这样艰涩的话题谁愿面对,许从同学聚会中能管窥蠡测。记得大学毕业第二年起,直到2011年,同学聚会不下廿次。80年代初有次相聚在南京玄武湖,其时《当代》杂志上正连载柯云路的长篇小说《新星》,大学生背景县委书记改革冲动引发学子狂议,狂议又延续成饭桌上啤酒的狂拼,醉倒了好几位仁兄仰卧草地仍口舌不断,书生豪情挥斥方遒。后来有次在无锡,发现有位在学校以演校园话剧而享受偶像待遇的同学,喉咙嘶哑得无法出声,细打听才知因心脏问题手术所致,“捡回来一条命,哈哈”,猛然惊醒我们作别校园已经10多年了,华发早生,已然中年。印象最深的一次,是前些年在高淳、溧水的聚会,隔夜为三位即将花甲之年的同学庆生,“老夫聊发少年狂”,几位年龄略小的同学,把生日蛋糕的奶油抹了寿星们一脸,还纷纷拍照留念。第二天一早,恶作剧中的一位还在宾馆外的河塘里游泳,大秀了一把依然壮硕的身材。不知从何时起,同学聚会渐渐变得行为艺术多多,“风声雨声读书声”则默默淡出话题中心……

2016年在桑给巴尔采访援非医疗队,与该国卫生部官员合影。

作别校园一瞬间,作别青春若许年。从青年走向中年,终向老年进发,回望青春,谁能不怀旧感伤、依依不舍、牵丝攀藤、五味杂陈?但最后结果无非放下——无论是自己放下,还是时间让你放下。关于青春,有过浩如烟海的描述吧?我却独爱此说:青春是在不知不觉中美好,在无知无畏中强大,在如梦如幻中绽放,在潮来潮去中委顿。它终究逃脱不了生命盛极而衰的魔咒。这种魔咒,亦是物种进化的规律。其实,只要生命美好过强大过绽放过,青春虽逝,人生依然可以俏皮洒脱——起码还能为下一轮青春绽放当护花使者。

“挥挥手,不带走一片云彩”,不带走也带不走。青春如是,生命亦如是。

（写于2018年）

我的新闻学

文/何明勇

1978 年 4 月初，我躲在南京双门楼宾馆 1 号楼里，集中精力复习高中数理化课程，准备迎接 78 级理科专业考试。

在此前结束的 77 级招生的初试与复试的两轮统考后，我没有在志愿栏中填报南师。因为 1974 年高中毕业，下乡到农场，当了一年半的代课老师，感觉自己不适合教书育人，当不了孩子王。所以当我收到南师新闻班的入学通知书时，我本打算不去报到，因为我的理想和兴趣从小就是理工科，长大要当工程师、科学家。

那天，我爸来我工作单位找到我，带来了南师新闻班招生和分配的准确信息，毕业去向是当记者而不是老师。父亲是东南大学机械系实习工厂的高级技师、实习生带队老师，他给我分析了理想和现实的利弊，明确建议我去南师学新闻，当记者。父亲向来倾听我的心声，又以自己的经验给我以生活指导，是我的第一人生老师。父亲教会我在人生转折关头如何选择，后来还教会我怎样指导孩子。

我爸走后，我骑车去了我中学班主任老师郁爱莲家报喜，归还数理化复习资料。老师不解，你个物理课代表怎么就改学新闻呢？

这个决定确实改变了我的命运。我和我的同班同学们成为高考制度改革的幸运儿。

说来我与南师也是有缘。南师大的历史中有一段是金陵女大，而我上的中学是南京市人民中学，“文革”前是南京四女中，它的前身是汇文女中，汇文女中的女大部后来并入金陵女大，金陵女大是南师大前生之一。1969 年我入读人民中学后，高中时的班主任郁老师，是“文革”前南师物理系毕业的高材生。在她安排下，我当了副班长、宣传委员和物理课代表。1972年教育回潮，我们认认真真读了一年书。在所有科目中我最喜爱、最擅长的科目是物理，课余时间和父母给的零花钱，都花在装晶体管无线电收音机上，理想是将来当工程师，至于是无线电工程师，还是建筑工程师，都行。但是，时代的洪流打破了我们上大学的梦想。

上　学

大学开学第一天，开学典礼在小礼堂分系开。我们班的同学在大草坪上分成四个组，我们1组10个人，班长兼一组组长周世康身材魁伟，排在我后面，秦京午、童爱兵个头最为高大，排最后。宋晓男与我相当，站在我身边，女同学成了排头兵。我们新闻班全班在她们引领下步入小礼堂，开始了追梦之旅。南师，我们来上学了！

大学期间，(左起)宋晓男、周世康、何明勇、秦京午在南京郊游时合影。

由于多年的耽误，我从小学三年级开始，到高中毕业，都在“文革”的动荡中度过，当时实际的综合水平，恐怕低于正常初中生。文科的全部基础烂熟于心的是《毛主席语录》。此外,唯一会背的诗词,是在农场茶山上学的南唐后主李煜所作的《虞美人·春花秋月何时了》:问君能有几多愁?恰似一江春水向东流。

至今,上大学的几个场景依然历历在目:

朱林清老师的现代汉语语法课,我看见我的中学语文老师,那个给过我高中语文 99.5 分的许老师,坐在后排旁听"的地得"用法。

古代文学课,谈凤梁老师,绘声绘色地背诵《红楼梦》片段,我是一脸懵圈啊,怎么就看不懂呢?

中大楼的墙报,在我眼中差不多就是当时文学杂志的水准,与我在中学办的板报墙报一比,高出的就不是一个维度。

但是,当时的学习氛围实在太好了,印象最深刻的三个画面:

一是在图书馆。中年女图书管理员,她那有板有眼的扬州口音,叫名取书声不绝于耳,叶南客——、杨培江——、宋晓男——。乖乖隆里咚,这书这么个借法读法,想必是一目十行,一日三本,过目不忘吧?

二是晓男说书。当时外国文学著作还没有重印,晓男不知从哪位朋友处借到一本翻毛了边的《基度山恩仇记》,只借给我一晚,我读书少,读书慢,第二天书没读完就还了。下午下课后在图书馆门前,晓男给我说书补齐。

三是第二次去新华日报工商处实习。在苏州地区,我采访了一个电器元件厂,厂方介绍,他们最近研发出一款新型三极管,很快就可上市,可以达到国际先进水平云云。三极管我熟悉,但当时国际水平是集成电路,并开始向芯片发展,这我不知道。我写了一篇报道交给指导老师李志成审阅,结果被他"毙"了。他说,新闻报道不能根据采访对象自说自话写,要独立思考,要有事实依据。这是实事求是,解放思想的具体解说。他还教导我,新闻写作多用动词,少用形容词,删去一切可有可无的废话。至今我依然还记着老师的教导。

环境改造人,教育塑造人。这四年中经历了伤痕文学的兴起,反思"文革"的开始,"人生的路为什么越走越窄"的讨论,和全社会的思想大解放等一个又一个打破思想禁锢的澎湃浪潮。更重要的是,这四年基本知识的学习和古今中外经典著作的滋养,把一个喜爱工科的中学生培养成了新闻专业大学生。

新闻与文学,从不同的角度揭示了人性人生,揭示了个人与社会的关系。

出　国

1989 年 1 月,在上海虹桥机场,我登上飞往温哥华的波音飞机,重启学习工程的追梦之旅。

这年我 33 岁。大学毕业以后,我被分配到省级机关工作,这是一个外人眼中的好工作。上大学前我在省外办系统工作,毕业后去省级机关符合“哪里来,到哪里去”的原则。在机关工作 7 年,我这个新闻文科生对工作有了感觉,学会了提纲挈领式的思维方式和工作方法,也得到分管领导的认可,可谓前途可期。

在生活方面,比较同龄人,我的运气相当不错。单位分配了 50 多平方米的新房,买了进口原装彩电、冰箱,有地毯和吸尘器,卫生间有热水淋浴,做饭用的是煤气灶,隔三岔五进出外事饭店和宴会,4 岁的女儿上的是南京市最好的寄读幼儿园——南京东方红幼儿园。

作者(左二)在美国西雅图与新闻班同学合影

但是,改革的大潮滚滚向前,开放的大门洞开,血液里的工科基因和心底的不安分又在涌动。当时的领导王部长,也是我们新闻班老师,不但给了我工作上的具体指导,而且在个人学习、提高、发展上,给予了极大的鼓励和支持。所以我决定抓住机会,出国学习,变文为工。毕竟,用双手创作,用科技创造财富,才过瘾,才是学有所值,才是我的最爱和人生价值所在。

出国前,回到母校找到方国才老师,办好了学习成绩证明,信心满满地飞往北美。一个无地可依又充满金色梦想的世界。

走出温哥华机场,到了维多利亚以后,才发现梦想是美满的,现实是残酷的。一是语言问题,二是财务问题,不解决这两个问题,不要说上学,能不能生存都是大问题。不说别的,连床都没有的地下室,每月租金 300 加元,相当于出国前不吃不喝两年半的工资。

财富是人家的,力气是自己的。发达的资本主义国家,没有免费的午餐,有的是穷人干活的机会。别无选择,打工要紧。对我来说,此时是"洋插队"元年,打的第一份工是在老广中餐馆洗碗,第二份工是在日料理店帮厨,第三份是在西餐馆做披萨饼,第四份是在西人瑞克的工厂做木窗,第五份在西人惠友谊的建筑公司造房。辗转打工的间隙,躺平在路边草地歇息,直视蓝天发呆,海鸥怎么借风飞翔?

想起老妈的话,躺平后爬起来再干,感觉浑身瘫软动不了了,那就是累。想起在纽约打工的同学晓男,半截牛奶罐当碗吃饭。这种洋罪,插队时都没受过。几年后到如今,看见那些无家可归者,总想给点零钱,可能是那时贫困、疲劳刺激出的恻隐之心吧。

打工的日子终于到头了。经历了披萨店拖欠工资,又遭遇惠老板拖欠工资和破产。老板破产,我怎么办?我们的梦怎么圆?在这转折关头,我与在读社会学研究生的另一半屠蔚发生了激辩,今后的路怎么走?是继续打洋工,还是打道回府熬官?激辩之后是妥协。妥协的方案是,我放弃上学的计划,放弃打工的机会,走自学、创业、投资的社会大学之路。

当时,在我们朋友圈子里,留学生助教金、奖学金约为 1000 加元/月,政府规定的下限工资是 4.5 加元/小时,身边有复旦大学 77 级英语专业留校老师、维多利亚大学教育学硕士毕业的朋友,在超市挣下限工资 5 加元/小时。同期国内同学的工资折算成美元或加元约等于 10 加元/月。我被惠老板拖欠的工资标准是 12 加元/小时,两个月约 5000 加元(当时美元兑加元 1∶1)。我出国,倾娘的家,荡婆的产,加上借条,以 10 比 1 换美元,也仅等于 2000 加元。坐吃山空,何况无山可吃。

老惠是个白人老者,有股敢想敢干的劲头,是我到加拿大后,从事建筑行业的开门师傅,他对我说过两句话:第一句是,你跟我干了 9 个月,水平等于人家 9

年。这是对我的过去的肯定。第二句金句，人只要会嚼口香糖，就能造房子。这是对我未来的鼓励。正是老惠师傅的话和他的拖欠工资，帮我下定决心，背水一战。

人生总有几次掉进深水区，不是在上半辈子，就是在下半辈子，只有对信仰的痴迷和使命感的觉醒，才能让你浮出水面。

创业

1991年初，我开始创业。

我的计划是，先开办一个个体公司。白天给顾客做装修，给建筑公司、建筑师做二级承包项目，晚上上夜校学英语。周末去图书馆学建筑工程、税务、财务、金融商务、法律知识和投资方法。

在此期间我开办过一个瓷砖地板公司，从事零售和安装；一个橱柜生产、销售和安装公司；一个建筑公司，建造商品房和代建房；一个房产出租管理公司；一个小酒店经营管理；做了若干房地产业投资和股票投资。

其间多少磨炼，多少喜怒哀乐，难以一一言说，不能不提的有三件。

一是1991年。个体装修公司开张后3个月，与一白人建筑师去温哥华装修餐馆。我承包地砖铺设安装。星期一早上六点，建筑师开车接我们，赶轮渡去温哥华，星期三中午，我完成任务，他把我送上轮渡自回维多利亚。他给了我一张1200加元支票，以当时实际兑换人民币计，比我在省级机关工作7年工资总和还多50%。我回到维多利亚，并不着急回家，而是到了市中心一个韩国人开的旅店做维修。我与韩国老板的协议是，我爱去就去，爱走就走，我按20加元/小时收费标准，给他优惠折扣10%，即18加元/小时。

此前从来没想过，一个实用技术，竟然值这么多钱。于是我立马写信回国给孩子的大姨，请她买一条最好的香烟，送给我在国内新房装修时的瓦匠师傅，是他安装了我家地砖，无意中教了我一个生存技能。

二是1994年，我以第一个自住房作抵押，在加拿大银行借了5万美元，投资到家乡南京油泵油嘴厂，成立了一个合资装修公司。该公司还上了当年南京市招商引资成绩单。该厂是地方国营大厂，记得13岁上中学学工的时候，在这个工厂的机床上做了一个月的车工，虽说是“童工”，我也一顶一地每天完成正式工的指标。

这是有生以来第一次投资，以血本无归结束。假如当初这笔资金投在美国股市纳斯达克100指数上，今天会价值两百万美元。但是没有假如，摔了一跤又如何，爬起来，拍拍屁股，看看方向再走就是了。

三是2011年，老同学宋晓男在美国西雅图发起一个公寓楼投资项目，114套单元，我再次以自住房抵押，从银行贷款一百多万美元，加入宋队长拉的队伍，这个项目，5年后回本。

投资最重要的是找对人。下辈子我们还做同学，还做兄弟，还做合伙人。哪怕自找的深水，我们一定会浮上来，游向彼岸。

几十年的自学和实践，从个体经营，单项承包到整体负责，终于在二十多年前，考取了BC省专业建筑师的资格。我同时实践了房地产投资和股市投资，摸索了相对成形的理念和方法，并有所收获。

事业发展，离不开良师益友的帮助。有两位白人朋友不能不提：一是Jim，建筑师、开发商。90多岁不言退休，作为导师，引领我成为持证建筑师；二是Jeff，联邦退休大法官。退而不休，在维多利亚大学法律系做志愿教授。作为朋友，他无偿给了我很多法律指导，包括一些诉讼文案的准备。

事业发展，也是下一代在主流社会健康成长的过程。1991年我买了第一辆二手车，500加元，绝对的古董车，几次冰天雪地的早上，送女儿上幼儿园，车发动不了，只好徒步带孩子上学。女儿咪咪，从小自立，从上小学开始就学会了自己管自己，自己上学，自己坐公车去钢琴学校。我还不时地把她带到装修现场。因为孩子小，不能把她一人放在家里。心喜，女儿小学毕业时是全年级最优生。毕业那天，女儿一人坐着用钢琴弹国歌，全体家长、老师、学生起立唱国歌。

作为鼓励，我们把女儿送进本地最好的私立学校。高中毕业后，咪咪顺利进入加拿大老牌大学，在东部蒙特利尔的麦吉尔大学，读免疫学。因为不想做研究，本科毕业，她放弃了在麦大硕博连读的机会。毕业后做了几年志愿者，再考回加拿大西海岸的BC大学医学院，毕业后成为名副其实的Dr. He医生。

第二个从国内带出来的小留学生，是咪咪的表哥冬冬。在省级机关工作时，每天接送他上水佐岗小学。那个平路不走，跳来跳去踏积水的小子，高中和本科在维多利亚毕业，美国斯坦福大学电子计算机研究生，芝加哥大学MBA，学成后去了华尔街工作。

与好些朋友同学一样,我们这代人的出国梦,部分由"小留"孩子们实现了。

隔行不隔理,文理相通。几十年的实践,我发现新闻专业与建筑工程专业居然如此相通,经营管理与价值投资的理念又是如此一脉相承。比如新闻写作,是金字塔结构,塔顶是标题,其次是5个W,再其次是事件背景和故事材料。而一个工程项目,一栋别墅或一群联排,首先都有明确目的与风格设计,其次是各系统的设计和要求,如框架、安防、水、电、温控、通风等子系统,再其次是各种材料的使用和安装。

于我而言,新闻写作导向建房,建房实现建设者(builder)的价值。但是,作为学业,两者还是有本质区别,即前者的批判性思维和后者的建设性思维。我是歪打正着,批判性学成了建设性。由衷感恩领我入门的新闻班老师,授业解惑的南师大老师,感谢老同学的亲情相伴!

(写于2024年)

入学四十年随想

文/刘用亚

本来也不想写什么东西，因为辍笔已经三十年有余，笔头早已生疏，文思早就枯竭，不像大多数同学一直从事文字工作那样文思泉涌，写出来怕贻笑大方。无奈大鋆兄说人人都得写一篇，可多可少，那就恭敬不如从命，随便写几句吧。

我的这篇随想没有主题，信马由缰，随意表达一下感想而已。

时光如白驹过隙，不经意间已是四十年过去。四十年前我们大家从全省不同的地方聚集南师，从彼此的陌生人变成了同学，然后又在一起相处了四年。之后大家又各奔东西，走上了各自的工作岗位。

1998年同学聚会，(从左至右)童爱兵、李燕、童爱兵之女、周世康、李燕之女、刘用亚、陈锡良合影。

入学时我们都很年轻，今天我们大多数人已然从满头青丝变为白发苍苍，年龄从当年的二三十岁变成了六七十岁。从意气风发的年轻人变成了儿孙绕膝的老人，真所谓岁月不饶人啊！

不过虽然老了，可我们的阅历和经验都增长了许多。当年我们大多年轻而无知，今天虽不敢说读懂了人生，但至少学了许多知识，经历了许多事情，懂得了许多当年不知道的人生道理。

四十年来，我们与国家同步成长，当年我们根本连什么是电脑都一无所知，更不要谈用什么智能手机了。如今人人都用上了电脑、手机。当年我们很多同学从家乡到学校都要花一天的时间，如今我们坐上了高铁，几小时就可以抵达国内好多地方。我们的生活条件也发生了翻天覆地的变化。

自从毕业后我就一直没有在家乡生活，国内国外可谓四海漂泊，与班里同学相聚的机会很少，只是偶尔听到一些同学的情况。不管怎么说，大部分同学工作顺利，事业有成，生活幸福，过得都挺好。对此我很高兴。

2018年3月摄于印尼首都雅加达高尔夫球场

今天我们多数同学都已经退休了，过上了含饴弄孙的悠闲生活。不管是还在工作着的同学，还是已经退休的同学，我都衷心祝愿大家随心所愿，按照自己向往的方式自由自在地享受人生。毕竟我们已经度过了人生的三分之二，剩下的三分之一可以多为自己活着。旅游、著书立说、照顾孙子辈、继续工作、打牌下棋、体育锻炼，凡此种种，只要是自己喜欢的事情只管去做。最重要的是祝福大家身体健康。过去人们常说人生七十古来稀，可今天随着科技的进步和生活水平的提高，人们的寿命大幅度提高了，我们还有很长的日子要过。祝愿大家过得开心顺意。

我的近况是目前已经移民到印度尼西亚，在那里搞矿业开发。估计今后几年还得在那里工作生活。古语说叶落归根，我也是这样想的，再干几年，就回国养老了。

（2018 年 3 月 2 日写于印尼雅加达）

曾经以为的蔚蓝

文/赵向华

曾经以为的蔚蓝,后来看清只是浅灰。而我于这浅灰之中,仍然愿意回忆蔚蓝。无论如何,该来的都来过,该去的也都去了。如今,所有的遗憾都不再遗憾。更何况,我真的笑过。

大学期间,(从左至右)李大定、赵向华、刘荭合影。

2012 年同学聚会，(从左至右)宋晓男、李燕、周世康、秦京午、赵向华、江锡民合影。

2015 年接受单位音像社采访

向死而生

——祭童爱兵

文/吴长琪

清明这天，我在南京龙王山公墓给父亲扫完墓后对母亲说:“你们先回去吧，我去给我同学童爱兵烧点纸。”童爱兵是今年 1 月 30 号因病突然去世的，享年 49 岁。童爱兵的骨灰安葬在他父母坟前，好像还在父母的膝下一样。此时整个墓园已经没有我刚来时的喧闹了，漫山的坟茔只有几个稀疏的人影在烧纸，还有散落在四处没有燃尽纸钱的缕缕青烟。远处有两只鸟，一只是乌鸦，另一只还是乌鸦。阴沉的天空，呼号的寒风和乌鸦的噪声使整个墓园一片肃杀，让人不寒而栗，我站在童爱兵的墓前，看着墓碑上童爱兵的遗像眼泪不由自主地就流了下来。

我与童爱兵是老乡，他比我小两岁，我们同为南化公司职工子弟。他父母都是新四军，童爱兵是红二代，同学中很少有人知道。他做人低调，从来不和别人说他家庭的事情，身上也没有丝毫纨绔子弟的习气。我和他虽然是同学又是同乡，但在校读书时并没有多少交集。大学毕业他分到连云港日报社工作，不久调回南京就职于《群众》杂志社，最后去了南京人保公司。他在每一个单位都干得不错，口碑很好。在我事业如日中天的高光时刻，童爱兵基本上不和我来往，也很少联系。而在我人生受到挫折、陷入低谷的时候，我们反而过从甚密，同学友情与日俱增了。

2005 年夏天我在境外陷入了困境，给童爱兵打电话向他借五千元钱做路费，童爱兵说:“光凭电话号码我不能相信你就是吴长琪。”我说:“难道我的声音你也听不出来吗?”童爱兵说:“声音也是可以造假的。”我说:“那好，我说一件只有我们俩人才知道的事情给你听听。”刚说了一半，童爱兵就说“吴兄发个卡号过来。”一会我就收到了 5 万元的汇款。我赶紧给童爱兵打电话:“你是不是汇错钱了，多输了一个零?”童爱兵说“没有,我就是汇了 5 万给你。”5 万块钱当时可是一笔巨款,这让我吓了一跳,我说:“不行,你赶快发个卡号给我,我退 4.5 万元给你。”童爱兵说:“不用了,早点回来。”再打他电话时已经关机了。

我回南京后,一天童爱兵突然不请自来,我笑着说:“童世仁来逼债了”,童爱兵反唇相讥:“你这是以小人之心度君子之腹,我不是童世仁,你也不是吴白劳,我今天不但不是来要债的,而且还是给你送钱来的。”他说要在我这里买些红木家具把家里的家具换了,并且一再说价格按照市场价不要优惠,5 万元钱也不准在家具款里扣除。童爱兵搬家已经好几年了,家具早已经换过,他哪里需要再换家具,他之所以这样做我知道他这是变相地在帮助我。晚上吃饭,他喝了一小杯白酒就不肯再喝了,我说:“爱兵,怎么回事,这可不是你的风格呀。”童爱兵说:“长琪兄,本来我不想讲的,我根本不能喝酒,因为我患一种叫主动脉夹层瘤的病,2001 年在北京安贞医院做了手术,术后要戒烟戒酒。”主动脉夹层瘤?我听都没有听过这种病,惊得目瞪口呆。童爱兵接着说:“这种病是一种血液病,就是在主动脉血管上形成血瘤,血瘤一旦破裂,人就没有救了,死亡率极高,目前还没有好的治疗办法,医学界称这种病是人体内的定时炸弹。”他说他身上有“定时炸弹”,在北京安贞医院已经看了很多年了。他说,每次去北京复查,医生见他第一句就是开玩笑地说:“童爱兵你还活着呀?”童爱兵回复医生:“阎王爷说该死的人还没有死呢,你跑来干什么?”我听得毛骨悚然。我说:“那这酒你还是别喝了。”饭桌上童爱兵谈笑风生,一副若无其事的样子,我反而心情沉重难过得要死。

人自出生之后就踏上了死亡之路,这个道理谁都懂,但是那个死亡不知道哪一天到来。如果一个人知道自己死亡倒计时而不畏惧,坦然面对,这就活得通透,活得豁达,活得不一般了,童爱兵就是个这样不一般的人。他并没有因为自己得了不治之症而自暴自弃,他人生虽然短暂,但活得非常精彩,这是常人难以有的态度,也是很难做得到的,童爱兵是一个了不起的男人。

一天,童爱兵看到我办公桌上新添了一个百鸟朝凤大叶紫檀笔筒,这个笔筒器型大,雕工好,造型独特,是我的心爱之物,镇厂之宝。童爱兵说:“长琪兄,你桌上这个笔筒不错,能不能送给我?”我说“君子不夺人之美,除了这个笔筒其他什么东西你都可以拿走。”童爱兵说:“其他我什么都不要,就要这个笔筒。”见我仍然不松口,童爱兵说:“吴长琪,今天这个笔筒你不给我,我断定等我死了之后,你到我坟上一定会一把鼻涕一把泪说:‘童爱兵啊！我真后悔啊！没有在你活着的时候把笔筒送给你,现在再送已经晚了,也没有什么意义了。’”说完他先大笑起来。我听了心里酸酸的,怎么也笑不出来。我说:“你拿走吧。”童爱兵高兴极了,晚饭时闹着要喝酒,我说我这里没有。

2007 年 2 月 5 日晚上,我突然接到吴逸同学的电话,他语气沉重地说:“我刚才接到闻方的电话,童爱兵 1 月 30 因病在家中去世,并于 2 月 2 号火化安葬了。”听到这个消息我头都要炸了,瞬间心里堵得慌,难过得喘不过气来。我知道这一天迟早要来,但是没想到来得这么快,来得这么突然,来得让人措手不及！第二天上午我和吴逸赶到童爱兵家里,闻方还没有说话眼泪就先掉了下来,我们仨人哭成了一团。童爱兵的灵堂已经拆掉了,墙上挂着童爱兵的遗像,神情阳光,笑容灿烂。闻方说,1 月 30 号下午,童爱兵打电话给她,说他心里难受,让她赶快回来。等闻方赶到家里后,童爱兵已经没有生命迹象了。说罢,闻方撕心裂肺号啕大哭痛不欲生。

我拿出 5 万元钱对闻方说:“两年前我向童爱兵借了 5 万元钱,他活着的时候我要还给他,他一直不肯要,现在他去世了,我一定要把这钱还给你。”闻方大吃一惊:“我从来没有听童爱兵说过你欠他的钱,这钱我不能收。倒是他生前经常对我说,这个笔筒是我从吴长琪那里抢来的,我死了之后你一定要还给人家。”闻方领我们进了童爱兵的书房,精美的笔筒放在书桌上十分显眼。

一个人的修为是与生俱来的,童爱兵从小到大都是一个品学兼优的人,他古道热肠,乐于助人,他这一生关心照顾帮助的人肯定不止我一个,尤其是他那种向死而生的情怀和生命不息工作不止的态度,值得我们每一个人学习。今天是童爱兵逝世的第一个清明节,我怀着悲痛的心情写下此文祭奠童爱兵,愿他在天堂里不再受病痛折磨,过得像人间一样的快乐。童爱兵千古！

（2007 年 4 月 5 日夜于南京）

“兵爱童”和童爱兵

文/杨培江

自从1988年进校10周年以来，我们新闻班的同学是每两年都要聚会一次。幽静的玄武湖畔，浩渺的太湖之滨，常熟的虞山之巅，盐城的梨花之海，都留下了同学欢聚一堂的身影。如今，当我翻阅记录每一次聚会照片的时候，一张我和童爱兵同学的合影引起了我的回忆。合影的时间是1990年4月在无锡。但遗憾的是，童爱兵同学已经在2007年1月底离开我们远行了，那时，他还不到50岁。

大学期间，(从左至右)许建军、戴心平、童爱兵合影。

记忆里的童爱兵同学，始终是乐观着的，好像他还是新闻班的文娱委员。记得是在大三时，新闻班的同学去南京九华山公园活动，童爱兵就组织了不少文娱节目，由于岁月流逝，我只记住了猜灯谜，而且只记住了两个：一个谜面是贝尔格莱德，猜中国的一个大城市，谜底是南京，因为贝尔格莱德是当时南斯拉夫的首都；另一个灯谜谜面是解放军叔叔搀扶小朋友过马路，谜底是“兵爱童”，按照猜谜语的“卷帘格”，倒过来念就是“童爱兵”。所以最后的谜底就是童爱兵的名字。这些谜语都是童爱兵自己设计的，我们当时都很佩服他的才思敏捷。而今天文录于此，就是希望能以此告慰童爱兵同学的在天之灵。

同学聚会，(从左至右)童爱兵、陈锡良、李燕、周世康、赵向华、江锡民、薛恒淦老师、支德裕老师合影。

（写于 2018 年）

七七高考与宁海路

文/宋晓男

高中毕业正值“文革”尾声。“举国欢庆”的游行和随后的拨乱反正，我都带着高中生懵懵懂懂的政治意识参与关注了。国家大事喧腾未定，毕业已在眼前。少男少女们一面欢呼学生生涯的终结，一面惘然于前途的未知甚至险峻。上山下乡运动虽已是强弩之末，但仍在很多城市中顽强地继续着。我所在的城市规定，每户只能留一名子女在城里，其余均需上山下乡。作为家中老四，我很早就做好下乡插队准备。

忽然就传来消息：可能恢复高考。我并未在意，觉得与己无关。长到十七岁，未曾听说过“高考”二字，自然不明就里，以为与工农兵上大学一样，都是别人的营生。毕业后，我按部就班地去宁海路派出所将户口转到了农村。那天走出派出所，看着梧桐覆盖的宁海路上如常的街道和行人，感觉忽然有点异样。记得当天在日记中写下了大意我已非城里人之类的感慨。

但时代大潮一旦涌起，涛声震天。“高考”二字越来越频繁地出现。杜君也终于上门来讨论此事了。杜君是我在琅琊路小学五(5)班的同学、好友兼搭档。我是班长，他是班副，相知甚深。杜君家学渊源颇深，父母都是有文化的高级干部。杜君详细解释了“恢复高考”，核心含义是：甭管何人，只要年龄符合，政治清白，均可报名参加高考。成绩过关，就可能被录取。我听得半信半疑，总觉难以置信。高考虽未听说，但推荐上大学、走后门、托关系之类与大学有关的故事并不陌生。现在是人就能去考，可能吗！终于，电台报纸正式发布了恢复高考的消息，我决定一试。

说来也巧，我所上的中学，也在宁海路上。“文革”时被整体下放到农村。后来渐渐恢复。老师参差不齐，学生来源多元。又赶上时代动乱，运动频繁，学工学农学军接二连三。课堂上，老师台上主讲，学生台下散讲，飞纸条，开小会，看手抄本，甚至用小弹弓射击黑板惊吓老师，五花八门。欠火候的老师被气哭离去之事时有发生。我的初高中基本上是在读小说和“病休”中度过的。数学老师见我去报名高考，面露惊讶之色。教语文的陈老师却十分看好我，鼓励我参考。

我和杜君决定一起复习迎考。他问我准备考文科还是理工科。这又问住了我。“有什么区别?”我问。文科不考数理化，理工科不考文史地。我一听，乐了。不用考数理化？还有这么好的事！当然考文科啦！但是翻查报纸上刊登的招生目录，发现文科院校和科目极少。多数是师范类学校。目睹“文革”中老师之境遇，我对教书育人缺乏兴趣。但亲友长辈同学等都说，总比下农村好吧！

77 级高考，尚未全国统一进行。各省八仙过海。江苏设初试和复试两关。各地市先行初试，过关者参加全省统一复试。我所在市初试规定:数学必考。无奈，我找出高中初中期间基本未碰过的数学课本，各册相加算出总页数，除以距离初试还剩下的天数，得出了每天必须消化理解的页数。依此而行，开始了人生最初的熬夜。几十天后，初试通过。初试一过，所有数学课本藏之深山，代之以文史地，准备十二月的复试。复试过后，很快就是元旦。转眼 1978 年就到来了。一日，宁海中学的教导主任、个子高高的刘老师走进了宁海路 33 号我家院门。她高举一纸，远远地喊:“宋晓男！宋晓男！你被南京师范学院录取了！”

我拿着录取通知书，重返宁海路派出所，将迁到农村的户口又迁了回来。办完手续出来，看着宁海路上来来往往的行人和自行车流，恍如梦中。数日后，去南师校园报到，初识了后来伴随一生的同学们。巧的是，古色古香的南师校园，也在那条长长的林荫覆盖的宁海路上。

（写于 2018 年）

随园琐忆

文/宋晓男

中文系的几位老师

随园四年,给我留下深刻印象的老师有好几位。今日回首,其实当年南师大的老师们都很优秀。各位先生虽各有千秋,但共同之处是,教学都兢兢业业,对授课领域都极为精通,特别是以下几位。

王臻中老师讲文艺理论,深入浅出。文艺理论课很容易讲得照本宣科,枯燥乏味。但是王老师讲课的特点是,绝不单纯讲理论,总是结合具体作品,掰开了揉碎了,台上讲得津津有味,台下听得目不转睛。此外,王老师中等身材,相貌英俊,皮肤白里透红。今日话讲,绝对帅哥一枚。他衣装总是干净整齐。深蓝色的中山装,纽扣永远系到最上面一颗,仿佛始终系好风纪扣的军人。特别是他的一双眼睛炯炯有神,直视教室后方,让我觉得他的内心有激情在燃烧。我习惯坐在教室的最后一排,既方便迟到早退,也便于观察全局。我注意到,王老师讲课时,同学们都聚精会神地听课。

许汝祉老师讲授西方文学,绘声绘色,亦庄亦谐。我记得他讲现代西方文学提到卡夫卡时,颇为激动,好像已无法以语言形容这位作家的伟大。“啊,卡夫卡! 那个卡夫卡……”大家都在等待他细数卡夫卡的了不起,然而他继续激昂地说:“啊,卡夫卡,啊! ……很了不起啊!”同学们都笑起来。许老师也笑了,然后才开始讲“变形记”。西方现代文学是我那时的偏爱。虽然许老师讲的很多西方现代文学作品我都已读过,但是他绘声绘色的讲课仍然能吸引我。

谈凤梁老师应该是受到同学们普遍喜爱的一位老师。他讲古典文学,侧重古典小说。他讲课旁征博引,风趣幽默,精彩处经常会引得同学们或哄堂大笑,

大学期间在南师中文系大楼前留影

或集体领首。谈老师博闻强记，引经据典时不用查书。他会说，此处可见红楼梦第×回，第×××页，作家出版社××××年版。大家闻此都会笑。谈老师会说，“不信可以去查。”大家笑得更厉害了。同学们岂能不信？笑，是对其强悍记忆力的赞赏和钦佩。谈老师面容清癯，身材中等偏瘦。他的眼睛略显独特，眼窝深凹，给人目光深邃如炬之感。如果说其他老师讲课时还可能有同学缺席或心有旁骛，那么谈老师授课时，可以说座无虚席。台上教授者滔滔不绝口若悬河，台下听讲者屏气凝神，聚精会神。多年后，有一位武汉大学的历史教授在电视上演讲历史，出口成章，妙语连珠。我在海外看到后，第一反应就是，我们南师大的谈老师也可以讲得这么精彩。

八十年代初，学校物质条件尚颇粗陋。教授们课间并无专门休息之处，至少中文系如此。下课后，大多数老师们就是在系办公室的方寸之地里稍事休息，再去上下一节课。有一次课间，我不知为何去了办公室。看见谈老师坐在一个小沙发上略显疲惫地喝水。他见我进来，就说，“你是宋晓男吧？”

我颇觉诧异：“您怎么知道我名字？”

“因为你留着小胡子啊！”

我至今也没弄明白胡子和名字之间的关系。但是谈老师的惊人记忆力，让我再次折服。中文系几百学生，谈老师居然能记得一个平淡无奇的男生之名！不能不佩服！这说明他脑子里还记住了其他很多同学的名字。

此外，讲授俄苏文学的陆协新老师，衣着简朴，讲课时话音不高，给人平静安谧之感，但是他对俄罗斯文学的深刻了解和真知灼见，给我留下很深印象。教授戏剧的王新民老师，说话慢条斯理，但是对戏剧和戏剧史潜精积思，极深研几。他还是新成立的学校话剧队的导演，亲自导演了当时很有争议的沙叶新作品《假如我是真的》。我在剧中跑龙套，演一名无台词的警察，有幸耳濡目染了王老师对戏剧演出的丰富理解和实际指导。

大学四年，教授我们的各系老师很多，都可谓教育界的精英之辈。四十多年后的个人回忆，只能挂一漏万。

实习片段

随园四年，曾在《新华日报》实习三次。第一次是去农村处，第二次去常州记者站，第三次在理论处。去农村处实习，因为是第一次，记忆较深。

如果没记错，农村处是在报社二楼东南角的一个大房间里。像那时国内多数办公室一样，每两张大写字台对接为一组，两边各坐一人，面对面办公。那时没有电脑，两桌中间因此缺少天然隔离物，对面同事的一举一动，相互尽收眼底。头儿的办公桌一般不与人对接，以显领导地位。

分到农村处的有三位同学：江大纬、秦京午和我。薛老师带我们到农村处并介绍给各位编辑。我认出钱能训和丁峰两位编辑曾到班上来讲过编辑课。

1980 年 6 月 21 日的日记中有这样记载：

下午，副处长徐崇飞把我们三人召集在一起，以聊天的形式谈了谈。看来他那方面的工作还没做好，所以他对我们的实习指导老师的分配等问题避而不谈。他着重指出：

“我们这条件很差，有些地方大家要克服一下。这个，比如这个椅子，坏了许多，所以大家先坐凳子。这不是说我们两样看待，报社的人坐椅子，给你们同学坐凳子。实在是椅子坏了。我们拿去叫他修，……到现在还没好，大家先委屈一下……”

徐处长谈话之后，又叫我们看报纸。

……

我坐在一位姓石的编辑桌上。他出差了。

桌旁就是一扇钢窗，从这里望出去，是新街口的邮电大楼和延安影剧院，以及树荫下匆匆而来、急急而去的人流、车队。这是都会的中心，是繁华人世的一个小集中。新加坡参与建设的金陵饭店，正在轰隆轰隆地打桩。巨大的电影广告上，画着一个不无妖冶之气的女郎，歪着头，对着人媚笑。正对面是一家餐馆的窗口，可以看见里面正在饕餮大吃的男女。如果眼睛好，你还可以望到他们咬动时腮边显现出来的肌肉。

斜对面，是大三元，也是热爱美食的人们时常光顾的地方。

我的桌子对面是一张戴眼镜的编辑的桌子，他年龄在处里恐怕排在第四位，约四十五岁。

这位戴眼镜的编辑，就是后来处里分配带我实习的老叶编辑。老叶让我编了几天稿子之后，终于通知我，准备下乡采访，并派我去汽车站购买三张长途汽车票。老叶和我去苏南的金坛县。另一位女编辑黄桂芳去宜兴。

在金坛采访期间，主要是县委宣传部的沈成嵩、孟济元和县广播站的崔龙生三位接待。中等身材、圆脸富态的老沈，是新华日报的老通讯员了，熟悉党报宣传的所有套路。据他自己说，他每年在各级报刊杂志上发表各类通讯报道上百篇。书生气偏重的孟济元似乎对宣传报道的兴趣有限。他私下告诉我，他对文学创作更感兴趣。崔龙生是三人中年纪最小的，二十六岁，似乎还在以工代干阶段。

老沈健谈，老孟寡言，但两人都有自己一摊事。在金坛期间，主要是小崔陪我们。我们一起去了几个公社，到地头田间采访。每到一地，都是小崔四处张罗，找当地干部接洽安排，联系采访对象。苏南农村那时虽还不很富裕，但毕竟是鱼米之乡，活鱼活虾各地都有。

老叶和我住在金坛县城里的县委招待所。老沈特别给所长打了招呼，让他招待好省里来的同志。所长亲自安排下去，给我们两人每天一人一只甲鱼。或清蒸，或红烧。我当时年少无知，对此类所谓“养生”之物毫无兴趣。每次都把我那只甲鱼推给老叶。老叶表情不解地研究了一会儿我的脸，说：“这是好东西啊，你真不吃？”得到肯定回答后，他乐呵呵地把两只老鳖都吃了。后来老叶干脆也不问了。每天甲鱼送上来，我推给老叶，老叶心安理得地大快朵颐。

到金坛不久，忽然接到家里电报（那时没有手机，打长途电话很不方便。有急事都是去邮局发电报)。电报说国庆来南京了,很希望见我一面。国庆是我南京军院时期从小就在一起玩的发小,货真价实的总角之好。1969 年军院解散,他随父母搬到北京去了。我们一直保持通信,但已有十年未见。当年分别时,还是小学生,现在都已是大学生了。国庆当时在北京广播学院读书。

我当然很想回一趟南京。但是老叶、老沈都拐弯抹角地暗示我最好不要走。老叶说,"如果是你女朋友,回去当然还情有可原。一般朋友嘛……"

我那时年轻脸皮薄,抹不下脸来,回宁事作罢。

但是老叶自己却在我接到电报的当天下午回南京了,大概是要留我独自锻炼一下的意思。我就和小崔在水乡金坛的各公社转,每天早出晚归。我们先后去了尧塘、西华、建昌、薛埠、城东、岸头等地,几天下来,小崔和我混得比较熟了。他见我下乡不怕脏怕苦,就说过几次"小宋不错,没有大学生架子"之类的话。那时高考刚恢复两年,大学生还比较稀罕。我们就聊起天。

我问小崔:"你怎么不考大学?"

"我?"他突然激动起来,"我……唉,别提了。前几年没机会考。这几年,年纪也大了,成家立业,事也多,谈不上了。青春……是过去了。"

我看见他脸上有种深深的惆怅,便不多问。小崔对县里和乡下的人和事都很熟。告诉我很多县里官场的八卦。我也跟他讲在省城听到的各种故事,他听得津津有味。

这是我第一次下乡实际接触农村干部。他们对农村情况的了解熟稔、对官方口号和路线的及时把握和熟练运用、对"上面"来人的热情周到而又不失分寸的细心接待,都给我留下深刻印象。只是有一次,在我们走过淤泥田埂时,一位公社书记过来搀扶我时说的话,让我触动很大。老书记双手扶着我的胳膊说,"首长小心啊!"

一个乳臭未干的二十岁的学生,被一位年近六旬、掌握千家万户生计的公社书记小心翼翼地搀扶并被称为"首长"(那时还不时兴叫"领导"),这让我想了很多。

搀扶与被搀扶者,应该换位才对。

我将此事说给小崔听,他不以为然地笑笑,"基层就是这样的。你将来要当大官的,这种事肯定会司空见惯。" 说完,他又看看我,"小宋,你将来当了大官,不要忘记我。"我笑了,感觉这就是"苟富贵,勿相忘"嘛。

实习很快就结束了，我离开了金坛。

离开金坛后，我和小崔还偶有通信。大学毕业后，我离开了南京。后来又去北京读研究生，其间都与小崔有联系。小崔看到我在《人民日报》的一个刊物发表的东西，还写信来祝贺。再后来，我研究生毕业去了新华社，去川藏滇赣江浙沪四处漫游。再后来，我出国，浪迹天涯。和小崔的联系，也终于断了线。

四十多年过去，小崔现在应该已是老崔了。而老叶，也已到耄耋之年，不知他是否仍然爱吃甲鱼。

而我，也终于没有当大官。

生活的点点滴滴，汇成我们生命之河的涓涓溪流。在校园里是学习，步出校园也是学习。我们就在学习中成长、成熟。

2022年8月在西雅图新闻媒体活动中，与华盛顿州国会议员、国会武装力量委员会最资深委员亚当·斯密(Adam Smith)交谈。

（写于2024年）

我与两个新闻班

文/李　燕

（一）

17 岁，“新闻”对我而言是一个非常模糊而有分量的词，感觉学新闻是一个遥不可及的梦。从学工的无锡协新毛纺厂“突围”出来，参加无锡市第四中学的高考复习班，直到参加高考、填志愿、入学，整个过程我都是懵的。父亲从不跟我生活在一起，他按照他的意愿为我安排着一切。招生结束后，我没有收到入学通知书，心存疑虑的父亲查询到我已被南京师范学院中文系新闻班录取，于是把我这个遗失了入学通知书的“迟到”学生送到南师新闻班。他在中文系教室门口转身的那一刻，我才清醒起来：我是大学生了，但以后学什么，要成为一个什么样的学生，我并不大明白。

这是我人生中第一次离开家人这么长时间在外学习，很多行为习惯都延续着上中学时的风格，以至于当时同学们都感觉到我身上“中学生”的味道很浓。我属于班上年龄最小的几个人，因为之前极严的家教，青涩的我跟社会没有太多接触，一切都是新鲜的、陌生的、未知的。每次小组活动、讨论，我都能分明地感觉到各方面跟大同学们有很大的差距，甚至考试成绩出来我也总不能释怀，感觉即便同样的一个“良好”等级，并不能说明我已经达到了良好的水平，心理上一度还是挺自卑的。

是新闻班的学哥学姐们带着“幼稚”的我在浩瀚学海里乘风破浪，逐渐让我树立起自信，在各方面为我树立起榜样，教我学会处理各种学习和生活中遇到的事情，还让我担任了小组长，并把班级的信箱钥匙交给我一把。我心里十分清楚，这是对我的信任和给予我历练的机会，所以十分珍惜，小心谨慎地做着每件小事。有一件事情至今印象深刻:那是一次南师的运动会期间,我开信箱时发现有组内同学的一封电报。那个年代如果不是非常重要紧急的事情是不会拍电报的,但接受电报的同学那天下午刚刚参加完运动会中长跑项目,同学又年长,电报内容会不会对他产生刺激呢?我一路小跑去男生宿舍,路上一直在思考:该以什么样的方式、用什么语气、怎样告诉那位接到电报的同学?最后,我还是把电报单独交给了班长周世康,请他交给那位同学。原来他家发生了一点急事,当天就请假回家处理了。这件事情让我感觉一个刚刚中学毕业不久的女孩,要当好这么多成年同学的小组长还真不容易!要是没有学哥学姐们的帮助,我很难胜任。在新闻班学习的短短四年岁月,成为我正式踏上社会前最重要的"见习期"。

1979年在南师校门口留影

大学四年一般只有在寒暑假才回家,因此我一直把新闻班当成大家庭,个人遇到的事情,包括自己和家人身体出现的问题等,都会向年长的同学倾诉,在这个大家庭收获了安慰、帮助和更多的关心。1979年我身体出现了问题,实习期间回到无锡治疗后也见效甚微。新闻班的同学和老师们了解情况后,帮我找了新华日报一位曾经当过赤脚医生的杨老师免费帮我用中医手法治疗,至今我还能记得当时王寄忠老师在杨老师对面的那间办公室,每次治疗开始时杨老师都会向王寄忠老师报告,并将办公室门留一道缝,直到我离开。既注意保护我的个人隐私,又负责我的安全,这样精心的安排让我和家人都非常感激。尽管最后我还是接受了手术,但新闻班老师和同学给予的关怀永远令我难忘。

无论是住校的还是走读的，无论是南京的还是外地的，无论是在校期间还是毕业以后，新闻班的同学相互关注着，联络着，加上每一次大聚会，感觉就像这四十多年来从未长久分离。随着年龄的增长，大部分同学退休离岗，现实中的聚会少了，网络上的交流多了起来，建立微信群以后，往往一个回忆往事的片段，就可以引发大家的共鸣，把时光拉回。我也一如既往地沐浴着来自新闻班的温暖。

2011 年，我罹患癌症的信息传到南京同学耳中，老班长周世康主动向我了解病情。当时我深深为自己作为新闻班最小的学员却最先患了癌症而感觉到懊恼，为这些年没有照顾好自己的身体而自责。没想到的是，周世康与当时还在新华报业集团工作的周跃敏、许建军、陶达，还有姚大鍪、赵翼如等 6 位同学，利用休息日，自驾到无锡我的家中探望正接受化疗的我。他们与蔡贵方、江锡民两位无锡同学一起送来了安慰和鼓励，给我传递了无穷的力量。送走同学后，老母亲对我说：你的大学同学对你是真正的关心、爱护啊！这样深厚的同学情谊现在真的不多见了。有亲朋好友为我加油鼓劲，大学同学无私关爱，我的身体恢复得越来越好，我也更要努力做好自己健康的“责任人”。

（二）

1985 年，中央广播电视大学开设新闻专业课程，无锡广播电视大学与无锡日报合作开办了两个“电大新闻班”：一个是业余班，重点解决新闻在职人员和部分企业宣传部门人员的学历，同时也为新闻宣传上一个新台阶创造条件，另一个是全脱产班，学员都是 1985 年的应届高中毕业生。刚到报社工作不久并完成了结婚生子任务的我，成为这个脱产班的班主任，我的生命中又有了第二个“新闻班”。

年幼时也曾有过当老师的理想，这一次报社把一个新闻班交给我，无疑为我提供了体验教师职业的舞台，并且才离开南师新闻班没几年，我有高中生学习新闻的经历和体会，知道他们最需要接受哪些训练。于是，我决定要用自己当学生的体会去当好这个班主任。

这个电大新闻班学员跟我的年龄相差不太多，最大的差七岁，最小的只差五岁，他们对新闻没有概念，是一张可以画最新最美画图的白纸，但从他们的黑板报内容我发现，他们因为没有考上大学而感到非常自卑，有些同学甚至情绪低落。鼓励他们振作精神，树立起他们的新闻情怀成为我首要的任务。为了更好地跟他们相处三年，我首先对每位同学都做了家访，了解他们的生活环境和他们的过去。

电大课程主要是播放录音和录像带，无锡日报根据电大课程大纲聘请了相应的课程辅导员，为了更为深入详细地为学员授课，新闻专业课程则由报社的资深采编老师担任。除此之外，我根据课程安排，为他们增加了每周一次的体育课，每天早晨带领从家里赶来的全体学员一起做广播操、打太极拳。每周一次的体育课，我把他们带到报社附近的无锡师范学校，和他们一起上课，还跟学员约定不能让体育老师知道我是他们的班主任。结果在一次体操课上，因为我过于标准的动作还是“露馅”了，体育老师说早就发现我跟别的学员总有些不同，揭秘的现场一片欢笑。我更高兴的是与电大新闻班学员一起“赚”了两年的体育课，令很多其他电大班的学员羡慕不已。

学生干部总是与老师接触得比较多，为了更好地培养学员成为未来的新闻工作者，我创新了“班委轮值制”：全班21位学员每周有一位担任值班班委，按照一个学期的教学周，正好每位都轮一次。值班班委负责与班主任衔接一周全部的班务工作，学期初选出的班委会配合这位值班班委一起完成各项课内外学习和活动的组织。这样做既让他们跟我的接触更加“均衡”，我也更全面地了解每位学员和班级实际情况。每位学员通过一周的短期锻炼，组织能力、活动能力、交流能力显著提高，自信心得到激发，更乐意为班集体建设出谋划策，增加了班级的凝聚力。

培养学员们成为“社会活动家”是无锡日报电大新闻班的目标，为此我注重培养他们的动手能力和社会活动能力，他们在校三年中除了分别到无锡日报和无锡广播电视局参加采编实习以外，还参加了上街卖报、每月派送新闻业务杂志到基层、大型社会调查等活动，我还在报社的支持下组织学员到青岛、北京旅游，为脱产班专门开设各类知识讲座，扩大学员的知识面和视野。毕业时，电大新闻班学员都完成了毕业论文撰写和答辩。三年的创新实践，也使无锡日报电大新闻班获得了1988年省、市电大系统先进集体的荣誉。在经验交流发言时，我的一句“我只是用当学生的体会在当老师”引起很大反响，因为我是为数较少的没有教师背景的电大班老师。之后，中央电大没有再开设新闻专业，“电大新闻班”

也成了“前无古人,后无来者”,独此一届。

三年之后,电大新闻(脱产)班的学员并没有全部安排到新闻单位工作,他们之中一部分成了我的同行,还有一些进入企业,或自谋出路,也有的去了国外。在新闻单位的学生有的成了领导、业务骨干,也有的当上了劳模。如今,他们也都接近退休了。

值得庆幸的是,我并没有如当时一些人担心的那样,被这个“新闻班”耽误业务进步,从事新闻教育的经历同样给我很大的锻炼,在送走学生之后不久,我就在首次新闻职称评定中评上了中级职称,我也回到新闻岗位工作直至退休。

两个新闻班在我的学习和职业生涯中留下了深刻的印记,第一个新闻班让我成长为一名新闻人,第二个新闻班让我见证了又一批新闻人的成长,这两段经历成为我此生从一而终的职业最重要的“基石”。正如我在第十八个记者节发的微信朋友圈所写的那样:一份从一而终的职业,有过汗水和泪水,有过辉煌和坎坷,它铸就了我的铁肩,成就了我的坚韧,职业个性融入了血液,终身受益。

(写于2024年)

与新技术握手

文/李　燕

退休前,我收到了中国记协颁发的从事新闻工作三十年奖章和荣誉证书,那一刻,此前所有的奖状和证书黯然失色。这是对我新闻生涯的总结,也是我为新闻事业奉献的见证,写满了从业的酸甜苦辣,凝聚了人生的春夏秋冬。

从梳着两条长辫走进报社,到两鬓斑白离岗回归。从记者、编辑到新闻教育、新闻管理,没有惊天动地的壮举,没有出类拔萃的业绩,岁月更迭,写过的报道、采访过的人、获过的奖项大多淡忘了,却有几件跟新技术密切相关的小事,每每想起觉得还值得向南师新闻班师生作个汇报。

1993 年,我从无锡日报社调入新创办的《江南晚报》,一开始在新闻部工作,没多久就调到总编办公室负责报纸出版工作。当时,继“告别铅与火”之后,报业“告别纸与笔”的浪潮汹涌澎湃,在赴国内比较领先的新民晚报社、青岛晚报社学习之后,江南晚报社决心要在业内率先构建报纸电脑印前采编系统,也即从写稿开始一直到出大样都在电脑上完成,除了要求采编人员都要学会电脑打字以外,“卡喉”的是组版。组版员虽然已经学会在电脑上组版,但离不开版样纸。于是我利用中午和下班后、休息日组版电脑休息时间,上机熟悉组版软件,练习组版,详细了解电脑组版操作流程,在较短时间内摸索出了一套直接在电脑上组版的操作方法,但等待我的却是组版员的“集体抗议”,他们对我说:你会做不等于我们会做! 为了让报纸电脑印前采编系统顺利贯通,我一边耐心做组版员的思想工作,一边陪着他们在电脑上直接组版,说服与政策双管齐下。在我们的共同努力下,江南晚报社在 1996 年 8 月 1 日前实现了报纸电脑印前采编系统的全面贯通,在当时的晚报界遥遥领先。后来,时任《江南晚报》总编辑也是咱们新闻班的同学蔡贵方调任《无锡日报》总编辑,他关于“丢掉版样纸”的要求同样也遇到了很大的阻力，好在有江南晚报的实践在前，跨世纪之际，当时无锡日报以及子报全部实现了“丢掉版样纸”，直接在电脑上组版，提高了出版效率，节约了每年大量的版样纸印刷，为报业降本增效发挥了作用。

时间来到2005年，在完成了无锡日报城乡版资源整合任务后，我第二次调到网络新闻部。与第一次只要负责把当天的《无锡日报》主要内容发布到网上不同，这一次报社领导给了我一支队伍、一个网站和一批电脑。当时的网站除了发布一些报纸的主要内容，就是转载国内主要新闻网站的相关内容。如何让现有资源发挥更大作用呢？大学期间在新华日报实习时的一个场景忽然从脑海里跳将出来：老师让我去采访当代女书法家萧娴，对书法知之甚少的我只得向新华日报社资料室求助，听完我的诉求，一本关于萧娴资料的剪报资料簿立刻送到我手上，解了我的燃眉之急。21世纪初，当时很多事业单位也都有了内部工作网，是不是可以利用已有的采编网络再建一个资料库呢？我提出了关于建立无锡日报报业集团新闻资料中心的建议，这一想法得到了集团领导的支持。于是我一边坚持做好网站的日常运行，一边在技术部门的支持下着手建立新闻资料中心。资料库的内容以集团内部报纸的新闻产品和相关的业务资料为主，兼顾其他信息资料，积少成多，为采编人员提供便捷高效的服务。新闻资料中心一机两用，查询相关资料和写稿、编辑只要切换一个按钮即可完成，内外网物理隔离，同时也满足了对网络安全的要求。新闻资料中心上线后在报业集团内部产生了很大的反响，消息传到江苏省记协，施锦昌老师专门与我联系，到无锡召开了报业新闻资料中心建设现场会，向全省报业推广无锡日报报业集团建立新闻资料中心的做法。

2008年，无锡市委宣传部召开第二届世界佛教论坛新闻宣传筹备工作会议，当时我已经担任无锡日报报业集团编委办公室主任，那次会上接到了要求无锡日报承担论坛新闻中心建设的指令。在此之前，我们见过新闻中心，却从未建过新闻中心，更何况涉及宗教大事，难度指数骤增。一起参加会议的报业集团分管领导在会后对我说：你接了任务就要完成的啊！语气中透着几分疑虑。有过网络部门工作的一段经历，新闻中心建设很快在我心中有了粗浅的方案。在国家民族宗教局和有关的网络公司指导下，在报业集团网络新闻部的配合下，从新闻中心网页设计、到内容框架确定、便捷的搜索引擎设定等一系列工作紧锣密鼓地展开。到 2009 年 3 月,新闻中心搭建工作到无锡灵山胜境的梵宫内现场实施,由灵山公司提供硬件,我与新闻中心工作人员在很短的时间内完成了第二届世界佛教论坛的内容建设,并以最快的速度完成了论坛指挥部要求新闻中心用三套语言体系(简体中文、繁体中文、英文)运行的紧急任务。3 月 28 日,第二届世界佛教论坛开幕,来自世界各地的媒体第一时间从新闻中心收看到论坛开幕式实况,方便地获取到大量论坛和分论坛的文字、图片资料,确保他们按时完成了发稿任务。3 月底,论坛转会台北佛光山之前,国新办和民宗局的领导在有关部门负责人的陪同下来到新闻中心,对灵山公司提供的优美环境和新闻中心资料提供的高效与准确给予了高度评价,我也被论坛指挥部评为“第二届世界佛教论坛无锡市会务工作先进个人”。

(写于 2024 年)

人生境界

——写在大学入学40周年之际

文/李　燕

1978年，懵懵懂懂地进入了南京师范学院中文系新闻专业就读，未满18周岁的我真的很“傻”，更没有什么人生目标可言。

通过上课学习才知道，有个人生“三境界”，语出王国维《人间词话》。

第一境界：“昨夜西风凋碧树。独上高楼，望尽天涯路。”第二境界：“衣带渐宽终不悔，为伊消得人憔悴。”第三境界：“众里寻他千百度。蓦然回首，那人却在灯火阑珊处”。

2009年夏带队在北京中关村采访时留影

大学毕业后相当长一段时间，这做学问的三境界被作为我人生的追求目标，当作座右铭压在办公桌玻璃台板下面，希望自己像登楼梯一样一层层走向人生的高度。

工作二十多年后，经历了初出茅庐的风雨，走过了青涩不羁的岁月，我人生的追求目标变成了姜育恒的经典歌曲《再回首》中的一句歌词：“平平淡淡从从容容才是真”。这句话每天在电脑屏幕上反复游走，用来提醒自己踏踏实实走好人生每一步，不要把眼光过多地集中在“成功”和“荣誉”的光环上，摆脱功利，坚守真诚做人的底线，保持真实的自我。

现在，历经了几场大病，也度过了“退休关”，我的手机锁屏上是“Don't try so hard, the best things come when you least expect them to.（不要着急，最好的总会在最不经意的时候出现——泰戈尔）”每当在生活中遇到烦心和焦虑的事情，个性比较急躁的我低头看手机与这句话相视时，波澜起伏的心潮会在瞬间安静下来，轻轻扬起嘴角画出一道弧线，眼里又充满了坚定与自信。

非常感谢从南师校园起步的一份从一而终的职业——新闻记者。这份职业铸就了我的铁肩，成就了我的坚韧，职业个性融入了血液，让我终身受益。也使我的人生境界不断刷新，有了更加从容不迫的生活态度。

（写于2018年）

我们二组

04年，二组同学回母校
影。前排从左至右：
亚青、徐宝森、李大定、
曜如、叶南客、吴长琪；
排从左至右：许建军、
沃敏、戴心平、张圣泉。

纪　念

文/邵元礼

1977 年,邓小平同志主持工作,恢复了高考制度;1978 年 4 月,我们来到南师新闻班;2018 年 4 月,我登顶深圳莲花山瞻仰小平像。于我,这是对 40 年前学生时代的一次纪念,也是对 40 年来工作与生活的一次纪念。

圆梦呓语

脑中风醒来,我就有一个梦想:能和老同学再聚一次。

大学毕业照

老天有眼，南师 77 级新闻班进校四十周年同学聚会来了！天赐机缘，人是挡不住的。

老伴推着轮椅，我叼着香烟，浩浩荡荡从深圳飞往南京。

老同学相聚，欣喜若狂，问长问短。四天胜于四年！

久久不见久久见，久久见过还想见。瘸手跛脚无妨，只求心相见！

再见吧，我的老同学！男的，女的，还有男男女女的母校……

（写于 2018 年 4 月 17 日晚）

向父亲和父亲的同学们致敬

文/邵建伙

在父亲的同窗好友中,有几位叔叔我非常熟悉,他们在我成长之路上给予过很多关爱和帮助,甚是感激。多年来父亲常常回忆过往,念及同学,也让我对他的大学生涯及同学交往有了更多的了解。为新闻班出书的消息传来,父亲老泪纵横,他因多次中风卧床,无法执笔口述。此刻最理解父亲心情的莫过于母亲,她嘱我代笔帮父亲了却心愿。以下是我视角下的父亲与他的新闻班。

父亲这一代人历经了很多坎坷,而入读南师新闻班成为他人生最大的转折点。他的才情与抱负经过大学生涯的磨砺逐渐成熟、坚定,也正是在这里,他结识了一帮志同道合、情同手足的同学。这是一群十年动荡后年龄悬殊,有着各种不同的出生境遇,以及同样珍视、热爱来之不易的大学学习机会,后来被称为77级的特殊伙伴。他们彼此扶持,相互理解,四年下来已然成为了亲人,成为父亲日后人生之路上温暖而明亮的光!

1982年父亲大学毕业进入仪征化纤厂工作,并参与创办《仪征化纤报》。幼小的我也是在这个时期第一次有机会离开如皋,踏上看望父亲的旅途,这也成为我儿时记忆里印象最深的地方。

父亲非常珍惜在仪化的这份工作,全身心投入仪化报的采编出版。然而,重情重义的父亲又放不下远在如皋的母亲与我。一次,如皋县委领导拜访仪征化纤时,发现有这样一位如皋青年才俊,当下鼓动父亲回如皋工作。父亲欣喜万分,毅然决定回老家参加家乡建设。回到如皋的父亲先后担任县委书记秘书、计划生育委员会办公室秘书、党史办公室编辑、农业干部学校校长。其间,他因某些原因始终不能学有所用,失意、沮丧难以避免。他曾写下打油诗:古之能有青天府,板桥何须装糊涂;一统小楼今又在,阿弥陀佛亦南无。但即便如此,作为副主编的他依然心无旁骛,耗时三年主导编纂了1995版《如皋县志》。这也是如皋历史上第一次采用述、记、志、图、表、录、传等诸多表现形式编撰的地方志。它以志为主,包括建置区划、地理环境、居民、城乡建设、农林牧渔业、水利、工业、商业、交通·邮电、财税·金融、经济管理、政权·政协、党派社团、民政·治安·司法、劳动人事、军事、教育、科技·卫生、文化·体育、方言、人物及文献等二十二编之巨。这本具有较高史料价值的地方志,算是父亲为家乡作出的一份贡献。

邵元礼在如皋日报社工作时留影。

回归专业的机会终于来了。1993年如皋创办《如皋市报》(后更名为"《如皋日报》")。父亲作为全市最早、有专业背景和办报经验的难得人才被赋予重任,重新归队组建报社,并担任副总编辑。父亲在这里度过了他人生中比较顺利、真正发挥专业特长的15年,直至2008年退休。其间他不仅编辑报纸、撰写报道,同时也写些小说,算是他退休前最自得其乐的时光。

父亲和他同学们的深厚情谊是让很多人羡慕和钦佩的。毕业后,他和同学们几乎每隔几年会相聚一次。1995年父亲做东邀请全班同学到如皋一聚,同游定慧寺、水绘园等,这也成为父亲最引以为豪并常常回忆起的往事。能为新闻班做点什么,能为同学做点什么,是父亲极为看重的,他把这份情谊看作是自己生命的一部分。

入校 40 年同学聚会时与戴心平合影

后来的每一次同学聚会，父亲几乎从不错过，总是和母亲精心准备，掐指算好日子前去参加。即便后来父亲因中风日渐不便，拄着拐杖、坐着轮椅也要坚持参加。如今，他因中风多次身体已失去自主性，只要母亲和他聊起同学，或者同学不顾舟车劳顿前来探望他时，他依旧反应强烈、泪流满面。我知道对他而言，同学给他的是向阳而生的力量。

作为子女，我自小听父亲聊他上学的故事和同学情深，也因为他常常描述，我几乎了解了大多数叔叔阿姨的大概模样。我其实也非常感叹他们的相互交往与历久弥新的友谊。虽然岁月如烟、韶华已逝，但曾经青春热血的他们以及他们经历过的火热年代不应被忘记，他们的成长故事与他们的同学情谊感动了我们，更激励了我们，将被我们深深记住，并成为我们及未来一代代年轻人重要的精神动力。

向父亲和父亲的同学们致敬，向他们代表的那一代人致敬！

（写于 2024 年元月）

（**注：**作者系南师 77 级新闻班邵元礼的儿子）

同学情真

——新闻班老同学聚会感言

文/李大定

人世间最可贵的就是真情。在经历了“文革”十年浩劫和各种社会不公之后,真情似乎离我们远了,而这次新闻班老同学入学 40 周年重新相聚,我感觉真情又回到了我们的身边。

有人曾经说过:“同学是没有血缘关系的兄弟姐妹”。这次新闻班聚会,我真真切切地体会到了这一点。4 月 13 日下午,我一走进新华传媒粤海国际大酒店的大堂,就有几位新闻班的老同学迎上来热情地与我握手。我看见每个同学的面孔都是那样阳光灿烂,顿时心里暖融融的,感到分外亲切温馨。之后,直到最后一天聚会活动结束,我每天遇见的都是一个个热情的老同学,看到的都是一张张真诚、善良的笑脸,感受到的都是同学之间团结友爱的深情厚谊。这让我想起了 40 年前入学南京师范学院后的一些情景:记得 40 年前我入学第一天刚在中文系大教室坐下,二组组长邵元礼和同学赵翼如等人就围拥上来关切地向我嘘寒问暖。四年大学学习生活中,班长周世康等人多次与我谈心,关心我的思想、学习等情况。组长邵元礼还常常用幽默、风趣的语言,帮我们减轻学习压力,为我们增添生活乐趣。四年的大学

大学期间与薛梨英(左二)合影

生涯是那样积极乐观，四年的同窗情谊是那样真诚质朴……这一场场、一幕幕，都深深刻在我的脑海里。

我们的组长邵元礼已经将四年的同窗之情融化到他的血液里了。如今，他虽然因病坐上轮椅，但仍然不远千里，让夫人推着轮椅来与老同学们相聚！由于他腿脚不方便，又来自路途遥远的深圳，筹备组委派戴心平负责对他迎来送往。来南京以后，每天总是有一股浓浓的同学情伴随着他。只要坐在轮椅上的邵元礼一出现，就会有老同学争相与他合影。只要在行走的路途中上、下楼梯或台阶，又会有不少人抢着去帮忙推轮椅。在江南贡院和大报恩寺看展览、观风景，大家纷纷主动给他让道，将他安排在最佳位置观看。有时候，邵元礼不忍心让夫人和老同学们忙碌、劳累，自己强忍着疼痛和不便，硬撑着站起身来走上几步。每当这时，大家都会用掌声给他以鼓励。邵元礼凭着他自己顽强、坚韧的毅力，也依靠了老同学们的真诚相助，实现了与新闻班老同学们欢乐相聚的心愿。

李大定与新闻班同学徐宝森结为伉俪

欢乐的时光无法永留，依恋的情怀仍然深藏。40 年前青春年少、风华正茂的我们，在品尝了多年人生的酸甜苦辣、风雨沧桑之后重新相聚，这才发觉：让我们最难以忘怀、割舍不掉的，依旧是那份浓浓的同学情。这份同学情感人至深，弥足珍贵！这份同学情，不是亲情胜似亲情！

（写于 2018 年 4 月）

选　择

文/徐保森

我是老三届知青，在农村茅草屋里煤油灯下度过了艰难的十年。

1977 年下半年，恢复高考的消息传来，我确实很高兴，积极投入了高考。但是，我对录取并没有抱很大的希望，因为参加高考的人太多。当时我们知青最大的希望就是招工回城，天天盼月月盼。1977 年对我们知青来说，有点像黎明前的黑暗。那时我们那里的知青中流传着两句话：一句是“寡妇死了儿子没有指望了”，是说一心盼着招工但希望渺茫；另一句是“癞蛤蟆压板凳腿——死撑活挨”，是说知青的日子难熬，度日如年。在我插队的公社，就有一位知青对招工回城绝望跳河自杀，还有个别知青出现了精神失常。好在 1978 年开始了全面招工，知

大学期间，(从左至右)徐宝森、叶南客、张亚青合影。

2008 年纪念入校 30 年李大定与徐宝森合影

青逐步得到解放,回到了城里。

1978 年春,我拿到了仪征油港的招工通知书,喜出望外,急忙收拾行装准备回南京,因为我家中还有一位病危的父亲,在等待我回到他的身边。就在我临行之前,又收到了南京师范学院的录取通知书。

我怀揣两份通知书回到南京家中,父亲见到我松了一口气,第三天他就与世长辞了。这时我面临两个选择:是进工厂还是上大学?当时工人阶级领导一切,仪征油港又是福利好的国营大单位,而我父亲去世后,母亲月收入只有二三十元,上南师院每月仅有 17 元生活费,许多人都劝我去工厂上班。于是我便去了仪征油港南京办事处去报到。在办事处,上百号知青排着队簇拥在露天仓库里听油港领导讲话。由于知青比较散漫,油港领导训斥不守纪律的知青。见此情景,我的心凉了半截,想想上南师好歹每月还有 17 元生活费,苦就苦点,还是选择上大学吧。于是我决定不去仪征油港,过了两天,拿了入学通知书到南师报道,开始了我的大学生活。

(写于 2018 年 2 月)

念圣泉

文/支德裕

2008年7月,在我国首次举办奥运会开幕前夕,张圣泉不幸病逝,我一想起就非常痛心。我想不通啊,他那么壮实的身子,怎么会在耳顺之年跟我们永别?

我写了一首诗,表达我的悲痛:

正值圣火点燃前,
君却不幸离人世。
天似有情何无情?
忍教亲朋泪如泉!

圣泉1948年8月生于南通。我与他有三十年的友谊。这三十年,是中国改革开放的三十年。1977年,他参加了“文革”结束后的首次高考。当年底,我有幸与广盛一起奉报社党委之命赴南师招生。当时老三届考生最受欢迎,他们多年苦读有回报,年龄偏大得分高。他是老三届,已到而立之年。我在档案里看过他填写的材料,特别工整,行是行,列是列。我当时还说,老编辑最喜欢这样的字,因为当时稿子均靠手写誊清。

他毕业后到新闻岗位上勤奋努力,工作很有成绩,任过南通大众报社编委兼经济科科长、通联科科长,1983年入党,后到中华工商时报任记者站站长、主任记者。2001年到南京医学研究所任主任编辑,2004年调入鼓楼医院。

他曾含笑对我说过,他现在很幸福,重组的家庭很满意,夫人在南京口腔医院工作很好,很敬业,孩子也很好。他调到鼓楼医院后,工作很顺利,很受领导器重。

我到口腔医院拔牙,他夫人对我照顾十分周到,使我少受了不少痛苦,很令我感动。

圣泉永远地走了,我心中永远地怀念他!

(写于2008年秋)

(**注**:作者系南师77级新闻班任课教师)

怀念圣泉

文/刘　跃

圣泉逝去，支德裕老师数次写信给我，希望我整理圣泉的材料，大家一起出一个纪念他的册子。无奈每次试图看他的照片、信件，均无法控制地心痛，一种心理上的钝痛，无法继续，所以也一直愧对支老师，不知道如何解释。今年元宵节，姚大鍌主任给我打电话，说新闻班同学要出本书，一定要给张圣泉留一页，我当场怔忡在客厅，难过了好久。元宵节是团圆的日子，而我们的亲人已逝去近10年。

大学期间，(从左至右)张圣泉、许建军、张亚青合影。

张圣泉是在2008年7月6日，胃癌手术一个月后准备出院的那个凌晨猝然去世。

张圣泉对77级新闻班很热爱。他生前每次班级聚会，他都无比激动开心，提起老同学他如数家珍，以至于我几乎对他大多数同学都耳熟能详。

圣泉母亲已经99岁高龄，是位百岁老人了，头脑依然很清楚。大女儿朱琳在日本东京大学博士后毕业，留在日本做了大学老师，小女儿周梦媛南京大学硕士毕业后，在江苏电视台卫视频道做了编导。

同学聚会，(从左至右)戴心平、张圣泉、周跃敏、邵元礼、叶南客、许建军、张亚青合影。

终于实现了圣泉生前的理想：岁月凋零，红尘滚滚，你我带上“天才女”(琳儿)和“小天使”(媛儿)一同相伴而行，勇往直前(摘自1999年7月20日圣泉给我的信)。

(写于2018年3月10日)

(注：作者系南师77级新闻班张圣泉的夫人)

又说命运与境遇

——一篇旧文字的回忆

文/戴心平

南师新闻班同学在毕业42年之后约定，各自信笔，积文成集，以纪念那段同窗日月、人生情缘。

偶尔得同学提示，记起我有过一篇旧文字，2008年曾滥竽于《我们77级》一书，原题为“也说说命运与境遇”。今日，我还是围绕“命运与境遇”说说对那篇旧文字的回忆。

大学毕业照

说道“命运与境遇”，先作个个人简介。本人乃河北深州人氏，1953年生人。1977年之前当过兵团战士(农场知青)，做过工农兵学员，干过工人、技术员、宣传干事，所谓“下过乡扛过枪种过粮食吃过糠摸过机器写文章”之流；1977年之后由南师新闻班4年学习而事新闻，在新华日报社一蹲31年，于2013年退休。

那是一个普通的日子——2008年1月28日。暴雪。酷寒。

凌晨3点多，上完夜班，走出供职的新华日报社的办公大楼，向约10分钟路程之外的家蹒跚而去。路太滑，难得走稳当。寂寂小巷中，一节枯枝的积雪斜刺里滑落下来洒进脖颈，冷不防便打了一个寒战———好冷！

好冷。想着给“我们77级”的纪念文集交上千字文的事情，便陡然想到那个冬天，1977年的冬天，也曾同样冷不防地打过一个寒战。

那是在当年的南京下关区“预考”之后。凭着区高考办公室据说是以“单科独进”的理由争取来的特许准考证，我去参加全省“统考”（是不是“全国统考”我不清楚）的第一场。交了卷子，骤然燥热，出了考场，寒风袭面，瞬间就打了个寒战，一个一辈子也难以忘却的寒战。

为什么打了寒战？那时未想清楚。现在，也还说不清楚。那时，我为党的基层组织写作报道；后来，我在党的机关报社盘弄文字；那时，我的职责是“反映工厂新风新貌”，后来，我的岗位要“坚持正确舆论导向”；那时，我的忙碌是为“遵命文学”；后来，我的劳作是当“党的喉舌”。

那时，我的月薪 38 元；到了 2008 年，我的月薪 3 800 元；那时，我看一场电影 0.15 元，后来要花 30 元；那时，我单身一人，一月伙食费 20 元以内，抽 0.29 元一包中档的“飞马”香烟，至少一个月去一次中山陵，不用买门票；后来成家了，三口人每月的伙食费若少了 2 500 元免谈荤腥（香烟是久已戒了的，一包中档烟三四十元应是常价），中山陵半年未必去一次，因为买张门票要掏 60 元。

下乡采访

那时，我没有电视，缺少书籍，不知电脑，未闻音响，后来，全都享受着，并且由此而看到了另一个世界；那时，我相信社会主义在我们这一代至少在我们下一代就能实现，后来，我懂得至少几十代之内社会主义仍然是初级阶段；那时，我理解社会上“工农兵学商”地位平等共和互助，后来，我知道社会呈“宝塔状”至少是个“橄榄形”，也就见惯了穷人给富人的狗下跪赔礼、副局长为“磨正”而炸死正局长、都市青年结婚竖立两层楼高的婚照、泡网吧欠费槌杀祖母抢钱还债之类的那时没有也不会有的新闻……

毕竟不同了。历史从来是不同大于相同。而我个人的“不同”，则起始于那场考试——相同的是“命运”，听命于制度托运于社会，没有变化；不同的是“境遇”，身存的境界生存的际遇，出现了改易。而境遇之演变，其缘由，又颇似念叨着“书中自有黄金屋书中自有千钟粟书中自有颜如玉”去赴考的读书人———尽收读书人于一考，官家千古一体；“让自己生活得更好”，庶民百途一归。

查了日记，确认：我的入学报到日期，是 1978 年 4 月 10 日。也由日记而忆起，我是在彷徨之际收到南京师范学院中文系的入学通知书的。这个报到日，在“南师中文 77 级”中，是不是最迟？如果是，我未变的命运、演变的境遇，便可能隐含于 46 年前那个考试后的寒战。

2008 年至今，转眼般 16 个春秋就又过去了。我已逾“古稀”之年，而这篇关于命运与境遇的“又说”，其实已是敷衍。

（写于 2024 年）

我的新华外号“赵大侠”

文/赵翼如

眼前晃过一盏墨绿色的玻璃台灯，造型古旧，光线柔黄。记忆中的新华日报，就这样明亮地开始。我生命中某些明亮时段，也留在了这里。

有几个细节穿透时间。

永远记得那个清晨。我斜扣一顶灰色绒线帽去上班，劈面相逢的人，是老前辈 X。他看我的眼神，如同发现了版面上的一个错别字，不由谨慎发问：“这是党报记者戴的帽子吗？”我一怔，随即自嘲：“扮演特工呢。”

瞧，才起步，我就像“一个错别字”，一个疑问句的开端。那是 1982 年 3 月。

1982 年在新华日报工作时留影

回想起来，那顶斜扣的灰色绒线帽，预示了我后来的人生种种。纤弱、豪气全无，绵软、不乏柔韧。如一方闲章，与我的散漫步态相搭配，搁在我头上恰到好处。哪有半点“大侠”的铿锵呢？

好在编辑部里氛围宽松，头儿很有亲和力。同事之间大多直呼其名，我可以没大没小，称总编老樊、老金……长辈则喊年轻人小王、小赵……

正式入职我先到了记者处。因我以前是报社通讯员培训班的学员，领导李承郃、刘向东对我寄予厚望。但我有点辜负他们的期待——因我深知自己的弱项，那就是一写新闻或评论就荒腔走板，费尽心力却屡试屡败。记得写一篇“本报评论员”文稿，连改9次仍通不过，我不免气短，干脆认输。

斗胆向老李和老刘请求：“让我试试别的吧。”我没大格局的手笔，报社并不缺那种路数的高手。我够不着高度，但在意温度，适合娓娓道来。能否开一小块试验田，写写凡人琐事补个白？

当时能上省报的多为英雄模范，我这请求并不合时宜。谁知，老李和老刘商量后，居然接纳了一个小记者的异想，也宽容了一个年轻人的脆弱。为此，我一直心存感念。他们鼓励我扬长避短，去做小人物专访。最记得老刘那一句：“沉下去，探寻让你眼睛一亮的东西！”

由此我展开了最初的实验之旅——对背影的勘探和发现。我好奇心满满，意气扬扬，走进街头巷尾、田野村庄，听寻常低语、闻大地风声。住过五毛钱一夜的旅店，和赶马车的大妈同睡地铺。几块伤疤、一行清泪……面对诸多不为人知的疼痛，你怎能无动于衷？大妈却用豁然的喜乐平衡困苦，从生存的窄缝里走出来……哲人说“人在苦难中更像个人”，那一瞬所感知的亲切，确实让我眼前一亮。

此段生活弥足珍贵。假如我有过铭心刻骨的记者体验，全在那几年。“无穷的远方，无数的人们，都与我有关。”他们校正着我的目光。我后来安于边缘的人生姿态，就得益于这些人的背影，和背影深处的故事。

曾去扬州寻找一痴迷发明而备受压制的小人物，回来写了《扬州一怪》，居然上了头版。因批评对象来头大，莫名恐吓电话突如其来……毫无思想准备的我，真的害怕。事情一波三折，到头来我平安无事，真是奇了。事后得知，是报社领导替记者撑腰，采取了相应保护措施，并坚持发连续报道(期间老李让我再三核对事实)。

《扬州一怪》一文很快被转载,其素材被某作家改编成电视剧,在央视分上下集播出。里面的女记者,导演请我出演,我拒绝了——宁可选择“背影”来做我的个性标签。

这篇特写发出后,我收到了一抽屉的读者来信,不少是扬州读者,感谢我为当地除了一害。那天我冒傻气数了数来信,一共 317 封。某读者开篇就是:“文有大侠之风。”

角落、外围、夹缝……我继续在边缘地带穿行。之后我又写了系列特稿,有普通工程师参与治理秦淮河遭质疑的,有创业者改革受挫的……

《秦淮河》一稿的结局很戏剧。一方面,有人来报社告我状;一方面,特稿被《报告文学》转载后中央领导批示,更有海外富豪读者写信到南京市委,打算投资整治秦淮河。当时的书记把我请到办公室,表达谢意。

还有件事值得一提。一度风头一紧,我饱受争议。记者处同仁 Y 用幽默的智慧,化解了一场上纲上线的围攻。他认为我不过是看多了西方名著,放大了人性维度,妇人之见罢了,值不得小题大做……

那天,传达室师傅请我下楼。我去一看,门口五六个人都在找“赵大侠”。我纳闷谁是“大侠”?其中一位说,就是那个写《扬州一怪》的,敢为小百姓说话,准是资深老记者。今天我们特意来提供线索,你看上去像林妹妹,不会弄错了吧,真是“赵大侠”吗?

另一次,参加朋友的喜庆酒会,前后居然有十七八个陌生人来敬酒,众口一词:敬一敬“赵大侠”(后来知道有些是我编副刊时没见过面的无名作者)。才恍悟:自己真的得了个来自民间的外号“赵大侠”。

317 封读者来信、敬酒的陌生面孔、“赵大侠”的外号……这对于我,无异于一次人生颁奖。

(写于 2017 年)

一棵老树把我领回起点

文/赵翼如

编辑同学纪念册时有一种奇妙感觉，好像自己从头再长大一遍。相关图文打动我的，是“77级人”在中国一个特殊节点上的切身回望。

学生时代早已过去，但它暗自构成了我们的现在。

同学聚会合影，前排从左至右：周跃敏、叶南客、赵翼如；后排从左至右：吴长琪、张圣泉、戴心平、许建军。

最让我心念的，是校园那树。中大楼隐在绿荫深处，植物园的气味弥漫过来。阅尽苍凉的古银杏，如大地的神来之笔，留给我太多成长记忆。

一茬茬学生，像它旁逸斜出的枝节，朝天空不同方向伸展，叶子随风浪迹天涯。某日，被它的主干一把抓回，循其来路，发现根须缠结的“互联网”——这就是同学了。同学，一个带有阳光意味的词汇。“只需一眼，就把对方看回到童年。”

一切诚念终将相遇。

总是树影摇开记忆。阳光下极生动的一笔，是树里树外蹦跳着的球，追着一路疯长的花，野得有趣。

说实话，前台的正剧多半忘了，记住的尽是树叶般的小零碎：敲响脸盆去装食堂大锅菜，擦亮火柴偷烧煤油炉；操场上一个越位动作，树林间一瞥慌乱眼神；寝室门角落的木箱，课堂最靠边的座位；还有缓缓响起的弦上声音——同学排演小提琴协奏《梁祝》，我拉手风琴为其伴奏。传为笑谈的，是我居然敢穿手缝的老棉鞋走上舞台，还坦承“我是政治上的近视眼”……

伴奏，我安于边缘隐入背景。近视，我擅长省略旁人眼光。

我的读书影子，捺印在叶片上——喜欢背靠老树发呆。树下杂草丛生，伴随着同学们不同观点的激烈争辩。老树包容，懂得沉默。书页与树叶搭伴，风来凑趣翻篇。阳光不时更新树的姿态，叶子每一瞬间都不同，是隐喻人性的复杂，抑或个体的独特？

穿行在古木间，“嗅一口浓荫”，把生命的气根探向绿野，忽然就有了自由呼吸，就打开了世界另一维度。树的参差多态，呼应着变革大潮。于是有了别样的“活”：不再“僵硬”“紧绷”，不再是横平竖直的统一枕木。

我的草木气质，得益于老树的滋养。

在我“眼前一黑”的人生暗夜，透过树影，同学的关切目光，让我重新“眼前一亮”。

我相信同学之间有一种精神上的亲缘关系。也许和而不同，但一定有一个共同的场。同学之于人生的重要价值，是否在于这份暖意，这种超时空的感知连接？

一次同学聚会，我半开玩笑提议：同学就是同学，平起平坐没高下。不管谁当了多大的官，同学之间一概直呼其名。哪位犯规，罚酒三杯！现场一片掌声呼应。不知谁撞进来喊了声某“厅长”，立刻被同学灌得够狼狈……

记忆常寻旧路找来。

如今，一棵老树把我领回起点。再度与古木相见，是故人相逢的感觉。依然是一本尚待翻读的大书，依然有家一样的亲切。

有人感慨：是我把自己从树做成了家具，完成自己的突变。而朗弗罗语出惊人：诗，是我这种笨人写的。只有上帝，才能创造一棵树。

我不觉已成飘零的落叶，带着被岁月磨洗的枯黄。落叶谢幕的神情，是平和的——已从一切纠葛中挣脱，一片闲心对水云。

冬天的黑白两色，远比春夏的缤纷真实，因为它规避了修辞。我愿老成一只旧箩筐，装下“光阴的故事”；我愿老成一部留声机，存放过往的回忆……

感谢老树，让我与大地建立了贴切的关系。只要有幸在这树下生活过，那么无论飘多远，它恒久的关照，都将与我同在。

（写于2018年春）

说　梦

文/吴长琪

我这一辈子到底做了多少梦,已经记不清楚了,但是有些梦却让我永远都无法忘记。

十岁之前,我经常在睡梦中笑醒,以为今天是自己十岁的生日,醒来一看才知道这又是一场梦,心里面不免就有了一点儿伤感。因为我小的时候,母亲怕我出现意外,特地为我剃了一个让人看一眼就会发笑,土得不能再土的发型,希望我平安长大。从此,这个令人讨厌的发型就一直长在我的脑袋上,烦恼我长达十年之久,并在我居住的村子里和上学的学校中成了一道风景,我也成了同学和小伙伴们取笑的对象。按照风俗,这个发型只能在我十岁生日那天才能剃掉。所以,十岁之前,我做梦都盼望十岁生日那一天早一点到来。

人到中年创办琪星红木公司

二十岁之前，我做的梦绝大多数都是荒诞不经的。今天梦见自己当了"两江总督"，明天梦见自己成了"户部尚书"，后天又梦见自己做了"征西大将军"，无非是在梦中飞黄腾达，官位都是一品。我做梦都想当一个封疆大吏并不是为了作威作福，"居庙堂之上则忧其民，处江湖之远则忧其君"，我梦想当官的目的：为国，建功立业；为家，光宗耀祖；为民，造福一方！梦境中，作为"一品大员"的我叱咤风云，威风八面，人生轰轰烈烈！一觉醒来，才知道这又是"南柯一梦"。

岁月无边，人生有涯。一晃我已经 62 岁了，成了一个迟暮的老人。几十年的时间里，我做了很多美梦，但好像没有一个美梦成真的！好梦难圆，并不妨碍我继续做梦，我依旧喜欢做梦，是梦让我顽强地活着，是梦让我人生精彩，是梦让我期待未来！

（写于 2018 年 2 月）

考　试

文/吴长琪

我在十几年读书生涯中经历了无数次的考试，其中绝大多数都已经记不清了，唯独在南师中文系新闻班读书时的三次考试却刻骨铭心，难以忘怀。

第一次让我忘不了的是1978年外语考试。这次考试我又考了满分，成绩公布后班上一位女同学揶揄我说："吴长琪你真是神了，'写作''文艺理论''文学概论'这些没有标准答案的考试，你能蒙混过关也就算了，这外语你落了那么多节课，居然还能考这么好，太不可思议了。"其实同学们不知道的是，我因为经常代表学校外出参加体育和棋类比赛而缺了很多节外语课，考试之所以还能取得好成绩，不是我多么有能耐，这得要归功于戴秀华老师，是戴老师每周帮我补课，才让我没考得那么糟糕。

同学聚会合影，从左至右：吴长琪、戴心平、许建军、周跃敏。

戴老师年龄比我们大不了多少，我们同学当中最少有一半人比她年长。戴老师和她先生都在南师教公共外语，家就安在三舍的一楼。每到周末戴老师就让我去她家里补课，后来补课又改在了戴老师办公室，前后持续一年多时间，这就是我外语课考得好的真正原因。今天请家教或找人补课都是要付费的，当年戴老师帮我补课分文不收，我庆幸自己遇到了这么一位富有爱心的老师，这一生我都记住了戴老师的好，时刻未敢忘记。

大学毕业后，我跟戴老师没有什么联系了，直到十几年后的一天，戴老师和她几位同事去琪星红木专卖店看家具，她问营业员："你们老板是吴长琪?"她从我公司宣传画册上一眼认出了我，随即拨通我的电话："吴长琪吗，猜猜我是谁?""戴老师!"我惊喜地说道。"还是这么聪明，十几年没有见面了依然记得我的声音"。我说："戴老师，你的大恩大德我哪里敢忘，你在店里稍等，我马上赶过去，今天晚上请你吃饭。"戴老师说："我这里还有好几位同事呢"，我说"不管多少人我都请了!"当晚，我在南京金陵饭店宴请了戴老师一行，席间我们畅叙友情，相谈甚欢。

第二次让我忘不了的是1979年"外国文学"期终考试。试卷上总共是15道考题，我鬼使神差地只做了其中一道题就把考卷交了上去。我做的这道题是要求考生分析《红与黑》于连的人物形象。我重新拟了标题《论于连的双色人生》，一口气写了四千多字，等到再想做其他题目时已经来不及了。考试过后，我心里七上八下的一直忐忑不安。这天辅导员通知我去系领导办公室一趟，进门一看，孙望、盛思明、曹济平、许汝祉、高永年都在，见这阵式我立马紧张起来。盛思明老师笑容可掬地招呼我坐下："你就是吴长琪?"许老师拿着我的试卷说："吴长琪同学这次外国文学考试十五道题只做了一道，我阅卷后拍案叫绝，因为他这道题视角独特，观点新颖，说理透彻，发人深思，是一篇难得的好论文。"盛老师说："高等院校是鼓励墨守成规，还是培养创造型人才，我认为应该是后者。吴长琪十五道题虽然只做了一道，但仅凭这一道题就可以给他100分，这就叫'不拘一格'。"末了，他特别加重语气说："在这一点上，许老师是有眼光的。"听到这些话我如释重负，长长地舒了一口气。最后盛思明老师又意味深长地说了一句："吴长琪，你四肢发达，头脑也不简单呀"。

第三次让我难忘的是1979年语音课期终考试。考前课代表通知大家，这次语音课考试考朗诵。语音课是中文系的基础课，可考的内容很多，考朗诵那不是谁普通话讲得好谁就能考得好吗，像我们这种五音不全的人怎么也考不好。我认为这是任课老师图省事对学生不负责任的行为。考试那天，我用南京土话朗读了毛泽东诗词《念奴娇·鸟儿问答》："大鸟张翅膀，飞得老高的，翻来覆去往下面看，满地都是窟窿子，把麻雀吓得一愣一愣的。"引起全班哄堂大笑，气得徐振礼老师脸色铁青，给了我一个不及格，这也是中文系77级所有学生中唯一不及格的。当时我由着性子来，图一时之快，搞恶作剧，结果徐老师给了我一个不及格并明确不予补考。这可把盛思明老师急坏了，先后让王长俊、高永年、方国才三位老师去说情都没有用，最后还是系副主任曹济平老师领着我去徐老师家赔礼道歉，徐老师这才勉强让我补考，给了一个及格，才使我拿到了毕业证书，否则还不知道是个什么结果呢。今天回想起来，觉得当年自己这样做是多么的幼稚可笑，如果人生可以再来一回，我一定不会这么任性了，可惜人生没有如果。

世事沧桑，物是人非。读书考试、就业考试、升学考试都是有形的考试，实际上人生每时每刻都在经历着一场场无形的考试。这一场场无形的考试，考的是人品、良心和灵魂，不是每一个人都能交出合格答卷的，我亦不能例外。

（2024年元月写于南京）

顺其自然就好

文/周跃敏

如果把工龄起始日比作踏上旅程的话，那么，经过42年的颠簸行驶，前方终点站终于近在咫尺了。

这一天，期盼已久！

每每看到同学同事在朋友圈晒天南海北美图时，总是心生羡慕，发誓以后也要像候鸟一样，当一个无拘无束的背包客，想来就来，想走就走，潇洒旅行，随性生活。

考进南师第一年，对未来充满憧憬。

检视这一路走过的旅程，自己似乎对未来从来没有好好规划过，脚踩西瓜皮滑到哪儿算哪儿，这大半生就这么糊里糊涂地过来了。

现在说遗憾，已经迟了。与其这样，干脆就不去想了。好在别人怎么干，自己也没拉下，虽没什么惊天动地的作为，却也做一天和尚撞一天钟，作业天天交，薪水没少拿，老婆孩子热炕头，也该知足了。

不知从什么时候开始，自己鬼使神差地畅想起未来。有时想想，真觉得难以理喻。少不更事时没有梦想，年富力强时得过且过，偏偏快要到站时，老夫聊发少年狂，开始想这想那，规划起明天的人生。

从世康班长手上接过省记协主席一职，备感压力，好在老周还担任名誉主席。

再一想，也对。在岗在位，人被工作绑架；卸职离岗，我的生活我作主。

有时会想，趁着“年轻”，当个背包客，云游四方，把想去的地方跑个遍；

有时又想，端起相机吧，把学过美术和当了一辈子记者的优势结合起来，观察社会，记录人生，也别有一番情趣；

有时还想，到了省记协，换个心态，换个节奏，换个跑法，照样可以发挥作用。

……

再转念一想，自己的离职畅想是不是过于宏伟过于浪漫？真要这么做，肯定比在职在位时还要忙碌还要紧张！

于是，一笑了之，还是什么规划也别想也别做，随性就好，合适就好，顺其自然就好。

兜了一圈，又回到了原点。好笑吧？

（2018年2月26日于南京）

情商·开局·大我

——在南师大新传院2020届研究生毕业典礼上的讲话

文/周跃敏

同学们：

伴随着欢笑与泪水、青春与澎湃，又是一年毕业季。在你们圆满结束研究生阶段学习，带着对未来的美好憧憬，即将走上各自工作岗位的时候，我和新传院的各位老师一起来为你们见证，为你们送行，为你们祈福。

此时此刻，相信大家的心情都是一样的——既感慨万千，又依依不舍。两三年的时光，可谓人生长河之一瞬间。就算加上四年本科学习，也不过六七年时间。可正因为短暂，才显得无比珍贵。这两三年，或者说这六七年，我们学到的知识、掌握的本领，也许可以用课时、论文、实习来统计和评估，而我们收获的感悟、思考、启迪，却很难用合适的词汇来度量和评价，它已经融入了同学们的血脉，将伴随大家一路走向远方。

今年的毕业季，在疫情的笼罩下更显得与众不同。新华日报·交汇点客户端从6月22日起推出“毕业寄语”栏目，截至7月5日已刊发了28位大学校长的毕业寄语，包括南师大陈国祥校长的演讲《开启一场青春的逆行》。这些堪称雄文美篇的寄语，不仅是送给本校毕业生的一份大礼，也对所有即将迈向职场的莘莘学子有着极高的滋养价值和极大的励志效用。作为业界代表、南师大校友和你们的学长，我想结合自己的经历、观察谈三点感想，如果能对同学们有所帮助，我将无比欣慰。

第一，情商重于智商

事实上，情商和智商都很重要，是并行不悖、互为补充的关系。我说“情商重于智商”，是基于以下两点假设：(一) 我们都是南师大新传院的研究生，并且都已顺利毕业，智商智力应该都没问题；(二) 我们所学的专业——新闻与传播，决定了我们中的绝大多数人都将从事与人打交道的工作,是一名社会工作者。在智商相当、智力相近的情况下,大家能走多快,能走多远,从某种意义讲,同情商有着密不可分的关联。

情商,说到底就是管理情绪的能力、与人打交道的能力。从哲学层面讲,情绪属于非理性范畴。所谓情不自禁、喜形于色、怒不可遏、鬼使神差等,都是形容情绪的不确定性和不稳定性。人是感情动物,难免会有喜怒哀乐、悲欢离合。但是,失去了理性的掌控,感性就会迷失方向。情商高的人,总是会把控好自己的情绪,努力释放并展现个性中乐观向上、热情开朗的一面,不但给自己以积极的正面的心理暗示,还会让周边人感受到满满的正能量。

做媒体当记者,经常会接触到各种各样的人,上至高层领导、下至普通百姓,远至域外政商友人,近至邻家大叔大婶。他们虽然处境不同,地位悬殊,但都是我们的受访者,没有高低贵贱之分。与人为善、以诚相待、虚怀若谷、言而有信等,应该成为我们的处世哲学、为人之道,也是我们理应具备的素养和品质。试想一下,一个见了一次面就能叫出受访者名字的人,甚至能记住对方生日并及时送上祝福的人,能不给人留下良好印象吗?

不可否认的是,智商更多地来自父母的馈赠和教育的开发。而情商虽然也有遗传的因子,但更离不开环境的熏陶和自我的修炼。事实上,我们对自己性格中的优缺点都了如指掌,平时做好加减法就是一种修炼。少一点抱怨,多一些努力;少一点推诿,多一些担当;少一点懒散,多一些激情;少一点计较,多一些包容;少一点猜忌,多一些沟通;少一点倨傲,多一些尊重;少一点卖弄,多一些谦逊……所有这些,都应该成为我们行为的规范和做人的准则。失礼、失信、失度的代价,我们承受不起。

第二,开局预示未来

如果把今天比作是连接过去和将来一个重要节点的话,那么,正在举行的毕业典礼就鸣响了发令枪。也许有人会说,这是一场马拉松比赛,拼的是耐力,比的是战术,一时的快慢无关最终的结果。此话有一定道理,但并不尽然。真正算起来,人一生工作的年限也就 30 多年,其中最宝贵的年华应该在 30 岁上下。从走上工作岗位,到这个年龄段,只有区区五六年时光。所以,来日并不方长,光阴转瞬即逝。千里之行始于足下,好的开始就是成功的一半。早起步,起好步,对人生和未来至关重要。

且行且珍惜，且行且努力。起早，是为赶早；赶早，才能抢得先机，争得主动，赢得自信。成功取决于多种因素，但最不可或缺的是自信。任务再艰巨，道路再曲折，给自己的心理暗示始终是“我行”“我一定行”，看不出半点的犹豫、畏惧、逃避。这，就是自信。自信不是自以为是，不会从天而降。它来自我们的努力，以及通过努力释放出的巨大能量，彰显出的澎湃激情。很难想象，一个新人在头一年、第二年，甚至三五年内，老是完不成任务，写不出好稿，不断受到批评，还能建立起足够强大的心理。一旦失去自信，信念的大厦就会垮塌，再要奋起直追，后来居上，就要付出加倍的努力。

心理学研究告诉我们，信息呈现的顺序会对社会认知产生影响，先呈现的信息比后呈现的信息有更大的传导作用。这就是所谓的“首因效应”。当你新到一个单位，你的领导、你的同事，都会有意无意地对你进行观察考验，逐步形成或赏识、或一般、或不屑的观感和评价。既然是观感和评价，就难免会有一定的主观性。但是，离开客体的主体是不存在的。周边人对你的第一印象，主要或首先是基于你起始阶段的表现和能力得出的。开局良好，可以为自己赢得更为有利、宽松的环境和氛围，只要一步一个脚印不懈努力，就会好上加好，越来越好。

开局预示未来，但开局不代表未来。捷足先登也好，拔得头筹也罢，都只是万里长征走出的第一步。要走得稳，行得远，急功近利不行，虎头蛇尾不行，时热时冷也不行。只有不忘初心，始终如一，把每一天都当作新的开始，兢兢业业，埋头苦干，才能成就一番事业，开创美好未来。

第三，小我融入大我

一谈起现在的年轻人，有一种观点认为，他们文化素质高，视野开阔，思维敏捷，观念前卫，积极进取，这些都是优点和优势。但是，不足和局限也很明显，这就是缺乏责任感和担当精神，容易偏激，比较任性，自我意识强。我不完全赞同这种看法。

“自我意识”是一种心理现象，本身并不带有褒贬意味。自我意识强的人，往往对自身和周边的一切有较为清醒的认知，对外在环境的变化、影响比较敏感，自我控制的意识和能力也比较强。在他们身上，可以看到许多优秀的品质和闪光点，比如：自立、自信、自律、专注、理性、责任感等。我们要通过修炼来提升“自我意识”,不断完善自我,主动关心他人,努力创造团结和谐的工作氛围。

但凡事皆有度,过犹则不及。自我意识强和自我意识太强,是两个完全不同的概念。自我意识太强,就容易掉进自私自负的泥潭。它体现在诸多方面,比如:眼高手低,夸夸其谈,小姐身子丫鬟命;自以为是,自命不凡,忘了自己姓甚名谁;对上谦卑,对下傲慢,双重人格集于一身;只照别人,不照自己,缺少自知之明精神;患得患失,锱铢必较,小算盘打得滴溜响;固执己见,刚愎自用,听不进任何不同意见……这样的人,到任何单位、任何岗位都不受待见,行稳致远将是一句空话。

这里涉及小我与大我的关系。所谓小我,通俗地讲,就是自我意识、目标设定、个性特点。所谓大我,就是群体意识、核心价值、企业文化。它们之间存在着某种因果关系。一方面,小我不存,则何来大我。正因为有了一个个日臻完善的个体,才有了其乐融融的大家庭。另一方面,大我不保,则遑论小我。今天,我们之所以可以自由地放飞梦想、追逐小我,正是先烈们用生命、先辈们用热血换来的。我们一定要摆正小我与大我的关系,把小我融入大我,将大我融入小我,在

作为部校共建的产物,2017 年 7 月至 2023 年 10 月,周跃敏担任南师大新闻与传播学院院长 6 年零 3 个月。上图为 2020 年 7 月 14 日参加 2020 届研究生毕业典礼时致辞。

追逐小我的同时，促进社会的进步。同时，用大我来约束和规范小我。个性、诉求可以有，也应该有，但心胸要宽，境界要高，格局要大。这样的人走到哪儿，都受尊重，都受欢迎。

前不久，我应晓锋院长的要求，给2020届毕业生留言，写了这么一句话：无论你走多远做多大事，始终记住自己是南师新传人！经过研究生阶段的学习，南师校训、新传基因已深深植入每一位同学的心中。在未来的人生旅程中，无论你是一帆风顺，还是一波三折，请始终谨记母校的嘱咐、恩师的教诲和同学的鼓励，始终坚信“风雨过后是彩云”“欲到天边更有天”。希望今后不管走到哪儿，遇见你们中的任何一位，我都会自豪地介绍：这是我们南师大的同学，是我们新传院的毕业生！

谢谢大家！

（写于2020年7月）

怎一个“把握”了得

文/张亚青

人生在把握，成败得失在把握。然而，何为把握，如何把握，实在不是容易说清楚的。

1992年在江苏省委办公厅工作期间留影

记得20世纪80年代末在省委办公厅工作时，一次随省委孙家正副书记出差扬州，刚入驻翠园宾馆，时任市委书记曹鸿鸣即上门拜访，寒暄中曹突然问道：“在省里工作和市里有什么不同？”当时已定曹调省委任职，而孙也曾在徐州市委工作过。孙略加思索回复："就是把握不同吧。"几十年过去了，往事随风，而这一画面却不知何因清晰定格……

入校30周年同学聚会，与室友许建军合影。

又是在扬州。1991年江苏遭遇特大洪涝灾害，省委组织赴各市工作组，我被派参加扬州组，一去3个月。扬州灾情最重，特别是里下河地区，是全省洼地，水涝积重难返。驻地兴化二招尽泡水中，出行小路，每天要加层红砖，否则隐入水下。水压冲垮了扬州通运闸，运河水直涌市区，市委书记姜永荣手执电喇叭在雨水中声音嘶哑地指挥堵缺，卡车、集装箱……一下水即被野兽般的洪水咆哮卷走，直到调来南京军区部队。

然而，令我印象最深的还是炸坝（官方表述是清障），这就讲到"把握"了。畅通淮河南下长江入海，是中央下达的救灾指示，以救上游于水深。通道途经扬州高邮湖滨乡，因往年无灾，这里已围垦成田，百姓建房置业。听说要清障泄洪，家业尽失，决不同意，包括县乡干部也态度消极，工作十分难做，甚至炸药上坝了都紧急撤回，因为老百姓坐在了坝上！中央下达了限时清障指令，时任总理李鹏还乘直升机飞临上空视察，要求江苏省委顾全大局，坚决贯彻执行。

省委经认真研究，书记沈达人提出：洪水要给出路，人民群众的生活要给出路！于是，在坚决清障入江水道的同时，举全省之力，帮助当地群众安家置业，永续幸福。当然,落实两个给出路谈何容易！需要坚强的意志,高超的智慧,细致的工作……真是一言难尽。所幸有省委副书记曹克明一线指挥,运筹把握,克难制胜,堪称领导者把握处置能力的经典案例!

抗灾结束后,根据中央要求,当年即组建了江苏抗洪救灾报告团,赴京向首都各界宣讲,如何"一个甲子两重天"(1931 年洪灾惨烈)。首场在人民大会堂,中央政治局常委集体会见合影,随后分赴中央军委,中宣部,首钢,北大清华做报告……还有白岩松的专访等等殊荣。此时认识了戴舟①,交往中有一次戴的秘书(北大博士后)问,你知道什么是能力吗？就是得体把握。我深感触动,却难以言清,随后一些经历加深了认知。

在纪念周恩来总理诞辰 120 周年座谈会上代表省委党史办发言

90 年代,中央纪委曾发文,县处级以上领导干部不许炒股和学驾驶,一段时间后又取消了。为此,尉健行同志在江苏调研时曾专门做了解释,意思是市场经济大发展背景下,为了防止权力寻租,必须有些权宜之策,做到既规范领导干部行为,遏制腐败,又不影响加快市场化建设,促进发展。待市场化成熟了,制度完善了,有些政策就会调整。两手抓就是一种把握,实现了两不误,两促进。后来又经历了一件有生动启示的事情:在和南京市领导座谈时,市领导逐个限时发言,尉建行同志的反应,场面气氛,无不体现发言者的得体把握,分明展现了个人

① 时任中宣部秘书长,负责在京全程陪同(江苏淮安人,且形似周总理),多次参与全国党代会文稿起草,退休前任职《求是》杂志总编。

的能力:拿捏、分寸、尺度、火候等等。

去年春夏交接之季,去高邮湖滨,畅游万亩油菜花之间,品时令湖鲜,感受鸟语花香的时尚打卡地“湖上花海”,更赞叹当地乡民建馆记史,以鉴后人!

(**注:**张亚青自南师新闻班毕业后,先后在党报、党政机关等多个岗位履职。他在这篇文章中讲述了自己在省委机关工作期间的一些经历和感悟。曾任全国政协副主席的孙家正看了此文后点评:亚青经事留心,文思敏捷,虽是短章,却颇有意味。)

补记:此生与6巧合。1976年工作,正逢粉碎“四人帮”,国家拨乱反正,我参加了高考,大学毕业后分配到常州报社,1986年调入省委办公厅。30年后(其中18年办公厅,10年省质监局,2年淮安市委政法委),2016年调省委党史办,距办公厅大楼百米,人生从践行迈入书写。2021年退休,前后也6年。从业经历戏言:党政、省市、主副、官僚……可谓“走罢冬夏论春秋”。

六者顺也。所谓命运命在时代,运在奋斗,顺势而为;用心于做事,用功于本分,顺其自然。知足顺心矣!

(写于2022年)

心中那片永远的绿洲

文/许建军

年近花甲的我越来越怀旧，时常细细咀嚼昔日那些珍藏在记忆深处，浸润着质朴、纯真、友爱的快乐时光。

于是，亲友之情、发小之情、同学之情、同事之情……在各式由头的聚会中轻松、欢快地洋溢，让我忘却了人生的烦恼，真切感受到生活的美好！

于是，相约今年春天的南师77级新闻班同学入校40年聚会，令我如少儿时代盼过年一样满心欢喜地期待着！

1978至2018，时间的车轮碾过了40个春秋，在每位同学身上留下各种印痕。历经岁月磨砺，饱尝世间百味，对这世界和人生，我们都有各自不同的感悟和认知。然而，有一点应该是相同的，这就是每个人心底都还存放着对大学时光的回忆、对青春年华的缅怀、对同窗情谊的眷恋。我想，这也正是同学聚会具有持续吸引力的最大理由。

感恩上苍，让我有缘和南师新闻班诸位同学结下四年同窗的难忘友情。光阴如水，人生易老。我明年将光荣退休，届时彻底卸载人生诸多重负，将生活模式切换到闲云野鹤的状态。退休了，自由了，有的是大把大把的闲暇时光。同学之间可以通过各种方式多走动、常联系，大家返璞归真、放飞心灵、愉悦心情、轻松自在，共同品味、享受这份同学缘分馈赠的人生快乐！

同学情，我心中那片永远的绿洲……

（写于2018年春）

职场琐忆

文/许建军

“文革”后恢复高考，我从一个原来要去农村当插队知青的应届高中毕业生，有幸成为第一批77级大学生中的一员。屈指算来，我1982年春季从南京师范大学中文系新闻班毕业，至今已整整42年。

都说往事如烟。然而，毕业后，我经受了新闻职场37年历练，终有许多难以忘怀的东西萦绕于心，并化作自己人生的重要元素。其中，有关职业精神的一些往事迄今仍鲜活地留藏于清晰的记忆里。

离新闻现场更近些

大学毕业那年，我刚满23岁，怀揣新闻理想，跨进了拥有光荣历史的新华日报社的大门。

我被安排在工商处，处长金惠凤是一位老报人，采编经验丰富，业务功底深厚，在业界有“金笔头”的美誉。他待人十分和蔼、宽厚，和你说话时笑眯眯的样子，直到今天还令人难忘。

当时报社从上到下不喊职务，而是根据年龄大小直呼其姓，如称总编辑樊发源为“老樊”，我自然被叫“小许”。在这样的氛围熏陶下，我也渐渐地习惯将年龄上可作为自己长辈的金惠凤处长叫“老金”。

老金是我职业生涯中幸遇的良师。我第一次“放单飞”，接受独自外出采访任务时，老金有关采写经济新闻和会议新闻的教诲，令我一直铭记于心，受益匪浅。

那是1982年9月，省商业厅和供销社为部署冬春农村市场供应，在盐城市东台县召开全省工业品下乡经验交流会，我被派去采访这次会议。

出发前，老金把我叫到他办公室，鼓励我要满怀信心完成报道任务。他说，许多经济新闻和会议新闻所涉及的素材，时间跨度大，综合性、概括性强，很容易被写成空洞、枯燥的报道。这就要求记者具备一双新闻眼，从大量经验总结材料中发现有新闻价值的报道线索。

老金特别强调了深入新闻现场的重要性。他说，要尽可能去新闻事实发生的现场采访，离新闻现场越近，越能挖掘到具体、鲜活的素材，越能增强报道的说服力和可读性。

老报人的这番经验之谈，被我这个初出茅庐的新闻新兵奉为圭臬。参加会议期间，我认真消化会议内容，采写了 3 篇会议消息。我并未满足于此，努力睁大新闻眼，从众多经验交流材料中拎出新闻线索，深入到东台县纺织品公司、百货公司等多家单位经营现场。通过采访经理、营业员和个体商贩，我亲身感受到搞活农村工业品市场供应的新气象，获取了丰富、生动的第一手新闻素材。很快，我独立采写的第一篇通讯刊登在新华日报二版头条位置。

这篇报道尽管算不上什么精彩之作，但是，离新闻现场近些再近些的理念牢牢扎根于心，并转化为自己竭力践行的采访作风。

1982 年 12 月上旬，我去常州采写国营商业和饮食服务业经营改革的典型报道。

先跑商业局、饮服公司，我拿到一大摞总结材料。这些材料“一、二、三、四”将该市商业和饮服业改革的起因、过程、成果、经验梳理得有条不紊。它们当然都是有价值的新闻素材，但比较概念化，其中少人物、少故事、少场景、少细节。

于是，商店、饮食店便成了我重点采访的新闻现场。我曾用一个上午时间，专门和一家实行集体承包经营的面店职工一道，推着餐车，顶着寒风，去比较偏远的居民小区供应卤菜。在这个过程中，我和面店职工聊，和小区居民聊，亲眼看见改革激发了职工想尽办法改善经营和服务的积极性，并现场感受到改革给居民生活带来的极大便利。

深入现场，收获多多。当开始动笔时，我倍感得心应手，鲜活的素材信手拈来，一篇题为《他们真正成了企业的主人》的通讯一气呵成。稿件被发往编辑部的第二天，便在《新华日报》一版显著位置刊登。当时也在常州采访的工人日报驻江苏记者站资深记者邵观光见了我说：“小许，你写了一篇好报道啊！”

进新华日报后的第一次采访，是去当年“中国第一高楼”金陵饭店了解建设进度。我当时在施工现场所站的位置就是金陵饭店建成开业后位于第36层的旋转餐厅。

让思想和形象俱出

回顾职业生涯，还有一位令我敬佩的人，他就是周世康。

老周长我12岁，是我的大学同学、新闻班老班长。他为人诚恳、热情，走起路来大步流星，特别是他那洪亮、爽朗的笑声极富感染力。

毕业那年，我俩一同进了新华日报社。老周在报社期间，曾先后担任工商处处长、副总编辑，做过我的直接领导。在我眼里，他始终正直、友善、勤勉、睿智，堪称本色不变、可亲可敬的老大哥。

在业界，老周被公认为写新闻的快手和高手。在新华日报工商处任职时，老周凭借极强的新闻敏感和理论思维，提出“让思想和形象俱出”的新闻理念，力求报道既生动又厚重。

1990年11月，老周率我和工商处另一名记者赴山东省采访，目的是为江苏正在进行的经济结构调整提供他山之石。

采访是紧张的。一周内,我们跑了济南、烟台、威海、潍坊、青岛等地,深入机关、工厂、商店、工地了解情况,捕捉、研究、筛选新闻线索。老周对报道的主题、选材、角度甚至文风、标题都提出了具体指导意见,强调这组报道不但要形象、鲜活,还要有思想性、启示性。

收获是丰硕的。《新华日报》在显著版面专门开辟栏目,相继推出“齐鲁行”8篇通讯,仅从每篇通讯的标题就可看出该组报道文字的形象、生动,如《好一声省长的“吆喝”》《淄博陶瓷的“世界大串联”》《顺潮而起“北极星”》《把传统文化“挂”到海外天涯》《孕育中国啤酒之最的思路》《江苏鞋,你缺什么》等。此外,这组报道用鲜活、典型的材料,展示了山东人在瞄准国际最新潮流调整产品结构、开发出口产品文化内涵、创新产品设计理念、让农民把劳动储入公路“银行”等方面的新思路、新经验。

报道刊出后反响不小。时任省长陈焕友专门作了批示,肯定这组报道问题抓得准,写得有新意,对江苏经济界特别是企业如何创新发展,很有参考价值。

1998 年至 2013 年,我先后在新华日报工商处(后更名为“经济一处”)、城市生活处和总编办公室主持工作。其间,“让思想和形象俱出”这一新闻理念深深地影响了我,并融入自己许多难忘的采写实践中。

2003 年,我被调至城市生活处工作。当时,相较于其他部门,这个处分工跑的领域比较少,主要是采写社会新闻。有的记者抱怨,平日总是小鸡刨食似地四处寻找新闻线索,辛苦不算,采写的稿子大多还登在报纸不起眼的版位。

我结合自己多年采写经历与大家一起探讨如何扬长补短,提升报道“含金量”。城市生活处的比较优势是:分工领域贴近社会、民生,报道题材相对鲜活、生动,记者的采写能力比较强。若进一步提升政策水平和理论修养,善于用党报的宏观视角和思想高度,审视、遴选新闻线索,何愁写不出形象与思想兼备的重头报道?又何愁稿子占据不了报纸显著版面?

大家在思想碰撞中形成共识:采写社会新闻和民生报道,鲜活、生动的优势不能丢,但必须摈弃琐碎、肤浅;要高看一眼,深看一层,挖掘其中蕴含的社会意义和导向价值,追求有高度的贴近。

记得 2006 年 6 月至 8 月,新华日报编辑部开展为期 3 个月的业务练兵。这期间,我每天召开全处策划会,大家凝聚共识,谈情况、议线索、定选题。

当年8月,南京警方发布消息:在城市限养区,集中治理狗患。消息一出,有关养狗是非的“狗新闻”在社会上沸沸扬扬。如何报道南京的“狗患”治理?我们定下思路:这一题材涉及广大市民生活,报道不能简单、片面,要立意高、有深度。经过深入采访和精心写作,《“狗患治理”,考验城市公共管理》《“狗”丁兴旺背后的故事》《应该人性化治理“狗患”》《管好人,就能管好狗》《国外规范养狗面面观》等一组报道,配上图片,以一个整版篇幅在《新华日报》刊出。这组报道融可读性和思想性于一炉,彰显出党报社会新闻的独特优势。继《新华日报》之后,《人民日报》也拿出专门版面报道了南京“狗新闻”。

业务练兵3个月后,上墙公布的成绩单显示:城市生活处考核总分名列全报社第一。城市生活处共策划采写了2个系列报道、2个整版报道、6个组合报道,30多篇稿件占据版面头条位置,20多篇稿件获每日创新奖,一个系列报道获得省委主要领导的批示肯定。得知考核总分位居榜首,全处同仁大喜过望,那位曾经抱怨稿件上不了好版面的记者连连说:“没想到、没想到!”

要写出“形象与思想俱出”的高质量报道,采访前的储备和采访中的钻劲至关重要。对此,我在参与“本报记者四国行”新闻行动过程中感受尤深。

2012年4月中旬起,报社先后派出四个采访组远赴新加坡、巴西、韩国、德国考察、采访。我奉命率其中一个采访组去德国。

此次大型新闻行动的背景是:2011年11月,江苏省提出,全面建设更高水平小康社会,开启基本实现现代化新征程,并在全国率先制定出基本实现现代化指标体系。江苏的现代化建设,需要具有“国际视野”。四个采访组远行的使命,就是紧扣江苏实际,用新闻人的眼光、思考、笔触,提供不同类型国家在现代化进程中得与失的借鉴。

我是第一次带队出国采访,深感重任在肩。临行前,我和小组成员抓紧“充电”,大量储备相关背景资料。我们马不停蹄地走访了省政府研究室、省发改委、省外经贸委、省统计局、省社科院等单位的领导、专家,并参阅了10多万字有关当今德国经济、社会发展的资料。这样做的最大收获是:比较深地吃透了江苏基本实现现代化指标体系的主要内容,明确了报道思想,确立了采访重点。

赴德国采访10天,行程1500多公里,我们始终保持一股毫不松懈的钻劲,带着问题，带着思考，竭尽全力挖掘最鲜活、最有价值的新闻素材。

柏林、斯图加特、卡尔斯鲁厄、汉诺威、杜塞尔多夫、路德维希港等城市，留下了我们奔走的足迹。我们拜访政府官员、置身工厂车间、走进社区家庭、乘坐公交电车……贴近考察长盛不衰的“德国制造”，现场观摩品牌卓著的职业教育，亲眼看见因法规、机制完善而催生的环保变化，亲身感受发达的公交体系带给民众的便利，并深入探究其中蕴含的深意和启示。

采访组每天这样快节奏的工作非常辛苦。特别是出国采访，交流各方需要靠翻译沟通，这无疑又增加了采访难度。而每次接受采访，严谨的德国人都会限定时长。为在限定时间内多挖掘最有新闻价值的素材，我们只有提高采访效率，不断提出问题，寻求答案。

这也忙坏了第一次随新闻人出访的省外办年轻女翻译小史。主客不停地答问，她也就不停地在纸上记录，还要尽快翻译出来。

记得为搜集职业教育素材，我们来到以生产高精密度汽车零件闻名于世的“百年品牌”企业——克恩里伯斯公司总部。采访交流中，公司总裁从口袋掏出一个仅小手指头一半大小的圆形零件说：“这东西用在汽车发动机喷射装置上，要求误差不超过 0.002 毫米。我们的工人经过职业培训，能很熟练地加工出这样高精密度零件。”可能是总裁未说明白，也可能是小史没听清楚，介绍中的“毫米”被翻译成“厘米”。我根据自己对“高精密度零件”的理解，问小史：“究竟是厘米还是毫米？”小史又问了总裁，回答是“毫米”。

和我们一行人混熟以后，小史半开玩笑地说：“给你们当翻译是我所接任务中最累的一次。”

高强度的采访虽费力烧脑，却为后来每篇报道“出人物、出场景、出思想、出见解”提供了鲜活、典型的素材。我们采写的报道与其他三个组采写的报道，在《新华日报》开辟的“开启新征程 采撷他山石”本报记者四国行栏目刊出后，得到受众和业界、学界一致好评，并荣获当年全省报纸优秀作品一等奖和江苏新闻奖。

一把尺子量到底

2007 年至 2013 年，我从一线采访部门被调到总编办公室当主任兼考评小组组长。主持考评工作6年，我勤勉履职，一把尺子量到底，力争让编委会和编辑部广大同仁满意。

考评小组的主要工作内容是：对每天《新华日报》上记者和编辑的稿件、照片、版面评等打分；初选出等次不同的好稿；在上午11点召开的有值班总编辑和各部主任参加的采前会上，通报考评结果并将其上墙公布。

考评结果涉及编辑部各部主任与记者和编辑的业绩、工分（稿费）和职称晋升等切身利益。对于每篇稿件的等级和工分，特别是涉及自己的作品是否入选好稿，部主任与记者、编辑尤其看重，都睁大眼睛，关注每天考评结果。

说实话，考评工作责任大、付出多，也是个容易得罪人的苦差事。考评小组每个人尤其是作为组长的我，唯有日复一日、兢兢业业、任劳任怨，才能赢得大家信任。

为确保考评质量，我经常一大早起床，打开电脑，细心阅览当天新华日报电子版。我边看还要边考虑：所有稿件、照片、版面分别评什么等级？亮点和不足在哪里？哪些稿件可以入选好稿？其理由是什么？上班后，我又赶紧拿起报纸再认真看一遍，并写下考评的初步意见。上午10点，考评小组开会，每个人发表意见，大家讨论，最后形成共识。若有人对入选好稿持不同意见，就无记名投票，少数服从多数。考评结果公布后，有不同意见者可提出复议，考评小组讨论后公布复议结果。

我时常会遇到以下情况：采前会上，有人对入选好稿提出不同意见；有人私下来打招呼，希望自己的稿件考评时被关照；还有人看到公布的考评结果后，上门质问，为什么自己的稿件没有被评上好稿？

凡此种种，我都会根据具体情况，与他们真诚沟通。记得有篇报道所提出的问题很有新意，文字也比较生动，考评小组已将其列入好稿讨论。但是，稿中被发现两大硬伤：一是行文中多处逻辑不通；二是用词不当，在表述警察与歹徒搏斗被刀子刺伤时，用了"遇刺"一词。按照考核规定，但凡有硬伤的稿件一律不能被评为好稿。因此，这篇报道与好稿失之交臂。采写此稿的记者前来理论，起初他满怀委屈，情绪有些激动。经我耐心说明情况，阐述理由，他终于冷静下来，承认了稿中差错，认可了考评结果。

在为人处世中，我觉得自己不是一个薄情寡义的人。我虽然在严格执行考评标准方面不讲情面，但我也会为采编人员着想，尽可能有情操作，帮助他们多采写好稿。

当时，编委会为进一步提升办报质量，激发采编人员积极性，成立了每个月轮换一次的虚拟新闻策划小组，各部负责人轮流担任小组召集人。同时，专门出台的奖励政策规定：策划小组平均每人每月采写两篇好稿，可获总编辑特别奖。这是一个需要奋力跳一跳才能摘到的“桃子”。

为拿到总编辑特别奖，每期策划小组谁也不甘落后，都使出浑身解数。于是，考评小组每天评选好稿的结果，便成为策划小组每个人特别是召集人关注的焦点。

有一期策划小组，眼看月底快到了，可是离拿到总编辑特别奖还差一篇好稿。召集人找到我，请求在好稿评选时给予照顾。我对他说，拿奖的心情可以理解，但是，采写的稿件必须符合好稿标准，否则，无能为力。见召集人一脸无望的样子，我就让他将已采写好、在稿库等版面的重点稿件调出来给我看看。我选了其中一篇，建议他们调整角度，补充材料，精心修改，以深化报道主题，增强现实针对性和社会关联度。结果，这一期策划小组如愿以偿，拿到了总编辑特别奖。

应该说，编委会与编辑部广大同仁对我主持多年的考评工作是充分肯定的。我想，其

作为评委参加第20届中国新闻奖、第12届长江韬奋奖的评选。图为我和其他评委的合影。

中缘由不是因为我是高级编辑、担任过中国新闻奖评委,又在采编一线干过多年,而主要是我和考评小组其他同志在坚持标准、坚持规则、坚持公正上所表现出的执着和韧劲。

退休后,我在一次聚会上遇见仍在报社编辑部岗位的一位部主任。聊到考评时,他感慨地说:“当年考评小组那种严格把关的精神让人怀念。你每次在采前会上通报考评情况,讲完亮点后,用‘但是’一转,毫不含糊地指出存在的不足。这‘但是’后面的点评是我们最想听到的,讲得很到位,不怕得罪人。”

盘点职业生涯,我问心无愧。若说自己尚能恪守职业精神的话,应该得益于新闻前辈的教诲,得益于同学、同仁的示范,得益于自身不懈的追求;当然,南师大“正德厚生,笃学敏行”的校训,应该也是我在4年大学生活中最早被注入的基因吧。

如今,我已退出职场,安享退休生活。温煦阳光下,氤氲茶香中,回忆从前,咀嚼过往,品味当下,那份恬淡、欣慰、喜乐早已满满地浸入心灵深处……

(写于2024年春)

求学·治学

文/叶南客

一、求学经历

1977年,一个历史的标志,这一年,恢复了高考招生。这一年,年仅17岁的我以应届高考生的身份参加了这场考试,顺利地被南京师范学院中文系新闻专业录取。

大学时光

(1) 文艺青年的学术梦,奠定了社科研究路。

南京师范大学中文系拥有“江南文枢”的美誉,是我国高等文科教育的东南重镇、人文科学研究的重要学术基地。唐圭璋、孙望、段熙仲、徐复等诸多学术大师曾经长期耕耘于此,形成了深博厚重的学术底蕴和严谨朴实的治学传统。走进东方最美丽的校园,名师们严谨的治学,深深地影响了我;图书馆丰厚的藏书,让我扑进了书的海洋。我每周以 3～4 本的阅读速度,往返于家、教室与图书馆之间。及至大学毕业,我的借书证上密密麻麻地登录着 400 多本的借书记录。

(2) 学术研究的启蒙人,坚定了社科研究路。

大量的阅读,让我找到了研究的方向——文艺理论。这一研究方向的确立,也要感恩我治学道路上的两位领路人。一位是我的母亲,江苏文艺出版社的编辑,是她,领我进入了文学的殿堂。犹记得,对外国文学的讨论是我俩日常生活的常态,从中国文学到法国、俄罗斯文学,从浪漫主义到批判现实主义等,让我对文艺理论产生了浓厚的兴趣。第二位是我的严师——王臻中教授。王老师是文艺理论课的授课老师,我是他班上的课代表。王老师业务水平高超,教学态度严谨,思维缜密、措辞严谨、不苟言笑,颇有大家风度,上课时他眼睛炯炯有神、不怒而威,说话完全是书面语言,经常以非常复杂的句型,把所有要表达的意思修饰限定得非常严密,没什么人敢在他的课上不遵守纪律或者心不在焉。王老师学术风范诚朴、教育理念仁爱。大三第一学期,我因生病休学了一个多月,错过了期末考试。新学期的补考,按理说老师肯定会有个考试范围,但王老师却没给任何复习范围,我当时就很纳闷:“这可怎么复习啊,怎么着自己也是课代表唉,不说给点‘优惠’也要有个复习范围呀”。但王老师就真一点范围都没给,而是让我把教科书、上课笔记、文艺理论概论等书看一看,结合自己的兴趣特长写一篇文章。这一考试方式让我既兴奋又害怕。论文提交后,王老师进行了认真的评改,并给出了“优秀”的学习等级。后来我才意识到,王老师其实主要考察的就是基本功,并引导我学会做学术研究。正是在王老师的学术引领下,我对科研工作产生了真正的兴趣。大学时期,我写了《巴尔扎克笔下的“善”——从〈无神论者做弥撒〉说起》《小李杜诗歌文化特点比较研究》与《艾美与法国当代文学发展讨论》等三篇小论文,其中《巴尔扎克笔下的“善”——从〈无神论者做弥撒〉说起》发表在 1983 年第 6 期的《名作欣赏》。这给予了我极大的鼓舞,也坚定了我从事社科研究的信心。1982 年 1 月,大学毕业分配时,班上大多数人选择去新华日报或电视台做职业记者,但于我而言,出于对文学与理论研究的喜爱,便和陈颐同学一起分配到江苏省社会科学院,开始了我的学术研究生涯。

(3) 全国社会学人才培训,助力了研究方向的转型。

1982 年 3 月至 6 月,我参加了在武汉华中工学院举办的全国第三期社会学人才的培训。该培训班由费孝通、雷洁琼等中国社会学界的前辈创办,旨在为中国社会学的恢复发展培养亟需人才。第一期于 1980 年在北京举办,第二期于 1981 年在南开大学开办,第三期规模最大,面向全国共招收了 120 多人。从武汉社会学研究班中培养出来的人才绝大部分成为了中国社会学界的骨干人才,目前大部分人也已经退休。正是这一次的专业培训,让我的研究方向实现了从文学向社会学的转向。

二、治学之路

(1) 从文学青年向社会学者的转型

1982 年 1 月,我毕业分配到了江苏省社科院社会学所。这一待就是 18 年,我从一个刚毕业的本科生转变为专业研究人员;从一名普普通通的研究人员,逐步成长为副所长、所长,乃至成为院里的学术骨干;从一名文艺青年,成长为关注社会民生的社会学者,其间得到的锻炼和荣誉是绝大部分同龄人所难得到的。我的学术成长,主要得益于两位名家名师的耳提面命:

一是参加费孝通先生的江苏社会学调查。费孝通先生出生于江苏,时刻关注着家乡的建设。1983 年开始,费老开始在其老家江苏吴江主持吴江县中国小城镇建设的国家课题研究,此后的数年中,对苏南、苏北以及苏中的小城镇建设进行了系统性调研。我有幸全程参与了费老的这一课题调研。在费老的言传身教与耳濡目染下,我学习了其大量的治学经验和理念,学会了如何去做实证研究、如何与群众打成一片、如何在吻合中央要求下将科学服务于人民;并且对农村研究、社区建设有了一定了解。得益于这一时期的学习,我与邹农俭、叶克林等共同提出了“集镇社会学”的概念,后合作出版了《集镇社会学》一书,这是我国该领域的第一本研究论著。

1983年著名社会学家费孝通教授(左四)在南京与作者(左五)等人合影

二是参加胡福明先生的现代化调研。1992—1997年期间,著名学者胡福明同志任江苏省社科院院长。胡福明是当代思想解放的理论先驱,提出了"实践是检验真理的唯一标准"。20世纪90年代开始,胡院长主张要把思想解放和现代化建设联系起来,认为解放思想是现代化的必要条件、必要前提,是现代化的先导,并以苏南为重点研究区域,开展了苏南现代化调研。这一时期,我跟着胡院长的课题组跑遍苏南全境,对整个苏南的发展历程进行了全面而深入的调研。胡老的哲学见解、政治学思维、经济学视野以及做人原则和做事的洞察力,他对苏南农民的关怀和关切,加深了我对家乡土地的热爱,锻炼了我写学术文章时的理念、措辞,也提升了我个人的表达能力。在胡老的指导下,我参与了他主编的《中国现代化的历史进程》《苏南现代化》等书撰写工作,并个人撰写出版了《边际人》《中国人的现代化》两本著作,均荣获"江苏省哲学社会科学优秀成果二等奖"。

在此期间,我还与同是江苏老乡的中国社会学会会长、中国社会科学院社会学研究所所长陆学艺研究员、上海大学邓伟志教授有较长期深入友好的学术交集,学习了他们对中国社会的敏锐思考与观察。曾任中国社会学会会长的宋林飞教授在任江苏省社会科学院院长期间,也给了我很多工作和专业的扶持、做人做事的指导,使我受益良深。

(2) 从区域社会学向文化社会学的转向

2000 年后,我的研究方向进行了进一步拓展。2000 年 1 月,我开始担任江苏省社会科学院副院长,分管纪检监察与文史哲所的科研工作。这一时期,我的研究方向开始向文化领域转向,先后主持完成了两个国家规划项目。主持了"江苏文化大省建设""江苏文化与经济协调发展""南京市民精神研究"等重要课题,与课题组成员一道从南京需要国际化人格的发展取向出发,提出了"开明开放、诚朴诚信、博爱博雅、创业创新"的南京市民精神,得到了市政府和学界与市民的广泛认同。结合实际工作需要,我带领省社科院哲学文化所的同仁建立了文化产业方向,编辑出版了江苏省第一本文化产业蓝皮书。2002 年,我参与并主持了江苏通史的编撰工作。《江苏通史》是第一部系统记述和研究江苏历史的 10 卷本文献性、学术性巨著,细致展示了江苏的文化积淀和人文内涵,我主要负责总体方案设计、写作安排等方面工作。到南京市社科院工作后,我主持编撰了《中国区域文化竞争力研究》、《南京百年城市史:1912—2012》等多部专著和丛书,荣获江苏省哲学社会科学优秀成果一二三等奖近十项。此外,我翻译了大量国外研究资料。早在 1988—1989 年间,我担任理论编译室主任,翻译出版了 17 万多字的青少年研究、工业社会学研究、生活方式研究和妇女研究的论文。

(3) 从理论研究向资政研究的转型

2004 年 6 月,我作为专家型领导被引进到南京市社科联(院)主持工作。与省社科院的定位不同,市社科院是以决策咨询为主。我也从科研人员转为公务员领导干部,在前期工作积累和各位领导同事的帮助下,我很快实现了转型,顺利开展工作。

一是联合省市政府部门建立了多个智库队伍。在我的领导下,南京市社科联(院)先后与省市区多部门成立了国际和平研究所、河西研究院、中国南京战略发展研究院、扬子江创新型城市发展研究院,建成了江苏文化强省建设研究基地,这是唯一一个在市级层面设立的省级文化智库,承担了省市区各类课题上百项。主持的多项课题成功转化为政策文件。在资政服务中,让我感受最深的是,2010 年,我率领南京社科院文化所的同仁,从佛教典籍记载、历史文献研究、考古发掘考证等方面,成功进行了释迦牟尼佛顶骨的论证,这一论证得到了国家主管

2018 年荣获江苏社科名家证书

部门的肯定与认可；2010 年，我率领市社科院专家团队参与了南京市申办青奥会的论证工作，为南京市走向国际化和打造世界体育名城作出了贡献。

二是积极推动社科普及与社科立法。我作为人大常委，在市人大工作期间，积极呼吁加强社科普及工作，并在市委宣传部指导下首开了南京市民学堂，邀请了易中天、纪连海等名家向市民开展宣讲服务工作。在此基础上，呼吁市人大加强对社会科学的普及与立法工作，明确了市社科联为全市社科普及工作的主要组织和载体，通过立法争取到了社会科学普及的专项经费。我创办了《学习与传播》期刊，这是国内第一个社会科学类科普性期刊；已连续八年编辑出版《南京小史》，深受群众喜爱，我也因此被推选为“全国优秀社会科学普及名家”。

三是推进城市社科院的国际化化建设。2004 年以来，我带领团队多次承担了南京历史文化名城博览会市长论坛的策划，2010 年承办了第九届城市竞争力国际论坛，2015 年承办了“和平　交流　发展——郑和与 21 世纪海上丝绸之路论坛”，2018 年承办了“中国社会科学论坛——新型全球城市国际研讨会暨南京城市国际化发展论坛”，2019 年主持编写了《南京国际化蓝皮书》等。

四是打造了《南京社会科学》杂志品牌。在我的领导下，2015 至 2018 年间，《南京社会科学》连续 4 年在人大复印报刊资料转载数及综合指数排名中位列前 10，多次荣获江苏省重点社科理论优秀期刊一等奖，连续多年获全国社科规划办国家社科基金专项资助。2018年,中国科学文献计量评价中心推出的《世界学术期刊学术影响力指数(WAJCI)年报》,《南京社会科学》入选综合性人文、社会科学Q2区,位列第3位,居全省之首。

五是打造了民调与舆情建设品牌。南京市民意调查中心是为市委、市政府提供决策服务的民意调查专门工作机构,致力于通过"调查方案的科学化、调查操作的规范化、调查结果的客观化",成为沟通人民群众与党和政府的桥梁和纽带,成为决策科学化、民主化的载体。南京市舆情中心作为全国唯一的地市级理论舆情重点直报点,在全国舆情工作中成绩突出,成立3年来,有20多篇舆情信息文章获国家主要领导人批示,南京社会科学院被表彰为全国优秀舆情研究机构。

(写于2024年)

附:一段重要旅途

南师中文系新闻班的四年大学生活是我人生中最为关键最为重要的一段旅途,它不但是我从懵懂少年步入青年的成长期,还是我从校园一角踏上社会舞台的过渡期,更是我开始学习如何做人、如何做文和做学问的人生与事业的奠基期。

我毕业后一直从事社会学、文化学、城市管理学以及区域现代化研究,为国务院特殊津贴专家;目前主要的学术兼职有中国社会学会学术委员会委员、中国和谐社区标准化专家委员会委员、中国生活方式研究会会长等;曾任江苏省社科联副主席,南京市社科联(院)主席、院长,南京市人大常委。

我们三组

2018年，三组同学回母校合影。前排从左至右：陈道龙、薛梨英、刘荭、姚大鋆；
后排从左至右：刘杉、江大纬、肖泉、唐绪军、吕解生。

创业敢为人先　干事只争朝夕

——记《江南晚报》从申办到创刊的126天

文/蔡贵方

《江南晚报》创刊于1993年元旦，这是无锡解放以来的第一张晚报。回想《江南晚报》从申办到创刊的126天，感受深刻。当年如果没有那种敢为人先、只争朝夕的精神，是很难办成的。

无锡地区人文荟萃，人杰地灵。无锡人东看《新民晚报》，西看《扬子晚报》，读报之余难免留有一点遗憾：什么时候才能看到无锡人自己办的晚报？

20世纪90年代，无锡的经济高速发展，市民的物质生活明显改善。无锡办一张“飞入寻常百姓家”的晚报，成为各个层次读者的普遍要求。

1992年8月28日，《无锡日报》编委会经过调查和听取各方意见，向无锡市委宣传部、市委、江苏省委宣传部、江苏省新闻出版局上报了关于创办《江南晚报》的报告。报纸起名经过了数次推敲，曾提出过无锡晚报、太湖晚报、梁溪晚报等十几个报名，几经反复，考虑到这张报纸要超越地域限制，报道内容和发行范围要立足无锡，面向江南，因而初定为《江南晚报》。后来省有关部门建议不称晚报，因而在第一次正式报告中定为《江南午报》。

无锡市委十分重视。在收到报告的第二天，分管副书记就指示：在办好《无锡日报》的前提下，创办《江南午报》是可能的。市委常委会两次讨论，同意创办，要求报社按有关规定上报办理。1992年9月17日，省新闻出版局经与省委宣传部商定，同意创办《江南午报》，周七刊，四开四版，晚报性质。1992年9月下旬，报社派人专程去北京向国家新闻出版署面交江苏省新闻出版局关于由无锡日报创办《江南午报》的请示报告。当时申办的形势比较严峻。时值年底，原则上不再批新办报刊。加上赴北京的两人出了点情况：一人要参加江苏省新闻高级职称外语考试，在临考前一天半夜乘飞机赶回无锡；另一人感冒发热，但他坚持不下“火线”,工作不停,并说不搞出点名堂,决不回无锡。国家新闻出版署的领导考虑到无锡作为经济发达地区在未来长江下游太湖流域的改革开放中所占地位的重要性,无锡日报办晚报的条件较为完备,最后破格同意无锡办一张晚报,征得省新闻出版局同意后,改名为《江南晚报》,1993 年元月创办,编入国内统一刊号。由无锡日报主管、主办。1992 年 11 月 19 日,江苏省新闻出版局正式向《江南晚报》颁发了刊号证。

担任无锡日报总编辑时留影

在请宗教界泰斗赵朴初老先生题写报头时,还有一个小插曲。据他秘书反馈称,赵朴老在书写时,嘴中念念有词,江南美,江南好,江南大,结果写成《大江南晚报》。当然见报时未用那个“大”字。不过其中似乎有一种禅意,预示《江南晚报》一定会发展壮大。而我们晚报人干事创业就要有一点大气魄、大格局、大担当。

此后,江南晚报社紧锣密鼓组建采编队伍与经营管理班子。首先向社会公开招聘录用了 18 名新同志,从思想作风和业务能力上进行了一系列培训。同时,从无锡日报社抽调了十几名骨干,聘用了一批报社离退休老同志,组成了晚报的基本队伍。接着邀请各方人士多次召开座谈会,征求对办好晚报的意见。1992 年 12 月 5 日,无锡市编制委员会明确了江南晚报社建制级别、机构设置和人员编制。

当时临近年底,报刊大收订已全部结束。于是晚报全体人员展开了一系列宣传公关活动,树立报纸形象。连出4期试刊后,又召开电影招待会,无锡日报社、江南晚报社负责人和读者见面,宣布晚报创刊;还用两条游船以游太湖的形式,邀请市领导、企业家代表、读者代表、新闻单位代表座谈宣传晚报,听取各方意见;连续组织记者、编辑到本地及江南地区上街卖报;《人民日报》(海外版)等报纸刊发了《江南晚报》创办的消息,在新闻界和社会上反响强烈。

经过不懈努力,《江南晚报》创刊两个月后,日发行量从开始不足3万份猛增到5万多份。社会影响不断扩大。1994年,经省新闻出版局批准,由四开四版扩版为四开八版,丰富了内容和报道面。

同学聚会,(从左至右)江大纬、姚大鋆、蔡贵方、吕解生、陈道龙合影。

无锡在地域上处于上海和南京之间。《江南晚报》确立的指导思想是:东看《新民晚报》,西学《扬子晚报》,既要保持晚报共有的格调特色,又要根据无锡的风土人文办出个性。在报道范围上,以无锡地区为主,兼顾沪宁线乃至江南地区,风格上力戒单一,通俗的和严肃的、主旋律和多色彩、精品意识和大众心态，相得益彰，收到了良好的社会效果，由此带来可观的经济效益。以后几年，日发行量逐步提高，达16万份，年广告量突破2亿元。经过几任编委会和全体报社同仁共同努力，办报质量、新媒创建及其所获荣誉在全国地市晚报中名列前茅。

（写于2024年春）

（**注：**蔡贵方时任无锡日报社副总编辑兼江南晚报社总编辑，后任无锡日报社总编辑兼江南晚报社总编辑）

迟来的春天

文/姚大鋆

春风又绿江南岸的美好时节，我的大学同窗们正筹划欢聚一堂，共庆入学 40 周年。然而一年之前，我刚刚参加了纪念高中毕业 50 周年的同学聚会。也就是说，自我高中毕业到跨进大学的门槛，其中有 11 年的间隔。

我是 67 届高中生，1966 年“文革”来临时我正读高二。高中阶段的课程，当时我们已读得差不多了，只剩下解析几何、电学和有机化学等少数几门功课要在高三完成，后面大段的时间便是复习迎考。虽然离高考尚有一年的时间，其实也就一步之遥，班里不少同学早就悄悄地开始了准备，越到高二后期，气氛越浓。

那场突如其来的“轰轰烈烈的大革命”使这一切都戛然而止，一切原有的秩序全被无情地冲击得碎了一地。

恢复高考让我们跨入南师校门，图为 3 位常熟同乡在校门口合影。

比我们更惨的是高三的学兄学姐们，他们经过长期备战，已经进入临考的程序，可以说已经到了高考的门槛边。我校高三(2)班有谢君者，多才多艺，在学校民乐队担任扬琴演奏，比其他同学多了一次报考艺术院校的机会。艺考是要提前进行的，考场则在苏州。那日在学校遇见，他喜气洋洋地告诉我说："明天去苏州。"次日见他仍在校中，十分奇怪，询之方知，他们这一届的高考已被全部叫停。

被停掉的又何止一届高考，在那个疯狂的年代，作为重灾区的教育界被彻底摧毁，所有的学校全部"停摆"，我们再也没有了高三阶段的学习机会。混乱中过了两年，1968年秋，随着"上山下乡"的大潮，"老三届"几乎全部下放农村，躬耕垅亩去了。

在"广阔天地"滚一身泥巴，饿其体肤，劳其筋骨，这段经历应该说也确是我们的宝贵财富，对我们了解农村和农民、认识艰苦人生、培养坚韧品格起了重要作用，但毕竟耗费了我们十年最宝贵的青春年华。

1977年，终于吹来了恢复高考的强劲春风。莘莘学子奔走相告，漫卷诗书喜欲狂。我和朋友们结伴复习赶考，有幸被南京师范学院中文系新闻班录取，成为恢复高考后的第一届大学生。1978年那个难忘的春天，我以30岁的"高龄"迈进了梦寐以求的大学之门。

寒冬过后，倍感春天的温暖。

我永远感恩恢复高考的决策者，是他改变了我们这些人的命运。

恢复高考也许只是一个前奏，此后，改革开放推动中国发生了翻天覆地的巨变。

（2018年2月23日于养心斋）

瞬　间

文/姚大鋆

1978年那个万物复苏的春天，我有幸成为恢复高考后的第一届大学生，成为南京师范学院中文系77级新闻班的一员。这也是我此生从事新闻工作的起点。

近半个世纪过去了。如今回首往事，若论业绩、成果，确也乏善可陈；再说望八之人，老迈昏聩，记忆力衰退是自然规律，本来似可不必动笔了。只是有一些瞬间，仍然清晰地留痕脑际，数十年未曾忘怀，似乎可以一记。

【瞬间】“你那只手，好点了吗？”

【故事】说这话的是皇甫煃老师。

和许多学生宿舍里的情形一样，我们宿舍8位室友相处得非常融洽，打开水这样的事也有个轮值的约定，但往往哪位有空也就顺便一起打了。那天我两手拎着几只热水瓶回宿舍，上楼梯时不慎绊了一下，右手腕有一点轻微的烫伤。

手腕上缠着的纱布给皇甫老师看到了，忙问是怎么回事，关切之情状溢于言表。然而令我十分意外也特别感动的是，过了几天，我的手其实已经好了，皇甫老师见到我，第一句竟就是上述那句询问。

自从跨进南师这座殿堂，深深地为老师们的学问、人品、风采而折服。同时，我也真真切切地感受到了他们对学生的一片眷眷深情。

谈凤梁老师是和学生交流较多的一位，有时甚至晚上跑到学生宿舍来找人聊天。承蒙老师垂青，他也经常和我聊，我寒暑假结束后返校，他常会写个条子嘱我去他那里“一谈”，让我从中获益匪浅。他和我谈话内容非常广泛，不仅学习、生活、思想，甚至自己家里的事也跟我聊，比较个人的事情也十分信任地嘱托我去办。我去苏州实习时，他就委托我去看望过他的一位亲戚。

大四的时候，我和李宁生同学确定了恋爱关系，谈凤梁等多位老师向我表达了由衷的祝福。唐纪如老师因为是从别的渠道听来消息，责怪我没有告诉他，装出十分生气的样子，把我"骂"得心里热乎乎的。

皇甫煃老师把一个学生的小小烫伤记挂了好多天，这个细节，我将铭记一辈子。还有那么多可尊敬的恩师，爱生如子的点点滴滴，全在心里。

【瞬间】"算了算了，不要吵啦，到我们这里挤一挤吧。"

【故事】这是发生在火车上的一件事。那时每逢寒暑假，火车站会提前来学校设点预售车票，经常卖给我们晚上十来点钟从下关车站始发的一趟车。出发当天学校还安排车辆，于晚餐后把学生送去车站。我老家在常熟，须在无锡换乘，所以经常和唐绪军等无锡同学同行。

那时的火车还是条件较差的"绿皮车"，远没有如今的动车、高铁这样舒适，车次少，旅客多，这一天我们就遇上两位旅客为争座位而吵起来了。

本来也不关我们的事，但是唐同学站了出来。他劝架的方式很特别，就是诚邀其中一位过来挤一挤，一场纷争顿时熄火。

人们常说，要了解一个人的为人，需要较长时间的相处。但我觉得，有时也许只需要一个细节，一个瞬间。

绪军同学高大、魁梧、壮实，从外形看，地地道道一条好汉，他的性格中也确实有着豪爽、侠义的一面，而且比较突出。相处久了，你会发现，他的内心其实也细如发丝，充满着柔情，十分丰富细腻，他是个非常重感情的人。

读大学4年，我觉得最重要的收获之一，就是结识了这么多优秀的同学，他们各有特点，却个顶个都是好样的。

绪军在班里低调谦和，但凡有公益之事，或同学有急难，或需要有人吃亏，他总会挺身而出。我闲时听刘欢演唱电视剧《三国演义》插曲"这一拜"，其中有一句唱词："忠肝义胆"，我觉得这四个字用在绪军身上再合适不过。

还说寒暑假乘火车回家的事。我们乘坐晚上十来点钟的火车，那时车速慢，到无锡大约午夜一两点钟。一开始我和瞿进达两个常熟人到了无锡就坐等天明，早晨长途汽车开始营运后搭车返常。绪军看在眼里，后来便邀请我们到他家睡一觉。以后竟成了惯例，每到无锡便把我们带回到大娄巷他的家中，温暖舒适的床铺早已为我们准备好，早晨起来还有热气腾腾的早餐，把我们照顾得无微不至。

这样的好兄弟，相交一生。

【瞬间】“不要！不要！我啃一个面包就行。”

【故事】樊发源老先生时任省记协主席。那一次接待一个外国新闻代表团①，因为客人身份较高，根据中国记协的指示，需要省记协的领导出面迎送，于是有了下面的故事。

客人离宁的火车时刻有点尴尬，中午一用完午餐就得赴车站。当樊老听说安排他在金陵饭店用午餐，头摇得像拨浪鼓一样，断然拒绝。我向他解释，这只是简单的工作餐，我和驾驶员也一起吃，这样简单快捷地用餐时间可控，而且大家始终在一起，随时可以上车就走，不需要相互等待。樊老听说是为了方便工作，同时也明白并不是借机去享受金陵饭店的美味，这才接受。

工作第一，不要享受。这就是樊老！

这批客人抵离南京的时间对迎送人员都很不方便，他们来的时候是清晨到达的。那天我一大早去樊老家接他，车到鼓楼高云岭巷子口，天还没有完全亮，只见樊老早已出来了，顶着清晨的寒气站在路边醒目处。那一瞬间我非常感动，须知樊老当时也已是一位老人，为了迎接外宾这么早就爬起来了。

曾有人戏言樊老是“工作狂”，我觉得还真有点意思，只要是为了工作，条件再艰苦他都不在话下，他确实够拼的。

樊老曾长期担任新华日报社一把手领导，报社上上下下，当面背后都喊他“老樊”。我从南师毕业进新华日报，一开始被分配到夜班工作，亲眼看到樊老夜间工作的状态。他总是准时来到夜班办公室，坐镇指挥当晚的编报工作，认真仔细地审阅每个版的大样。午夜时分，他也和其他工作人员一样，到食堂吃一点简单的夜餐，然后立即继续工作，直到各个版都审校无误，他最后签字交版，这才到

① 时间久远，我接待过的外国新闻团队和新闻记者实在太多，加之搬了几次办公室把资料都丢失了，所以是哪个国家的新闻代表团已无从查考。

编辑部 3 楼一间斗室休息。他睡下后，如果有要紧的事情，就得把他从床上叫起来。

他那个小房间我也去过，小到仅容一张小床、一个床头柜，床头柜上一部电话机，如此而已。他家住高云岭，离报社不过 3 站公交车的距离，但他天天住在报社这间斗室之中，每星期只周末回家一次。

这就是樊老对待工作的态度。

在新华日报，以这样的态度对待工作的人当然也远不止樊老一个。

我初到夜班时，受教于指导老师左克先生，他对新闻的准确判断，对标题制作和版面处理的老到精致，特别是认真负责细致严谨的工作作风，给我留下了极为深刻的印象。我至今清晰地记得他埋头审阅大样的样子，他绝不会一目十行地扫一遍了事，而是一字一句小声地读出来。遇到有疑问之处，便用笔在大样上逐字点着，反复读，疑问解除后才放过去。他一直被报社领导誉为“放心编辑”，的确当之无愧。

采访柬埔寨国家元首西哈努克国王，右三为作者。

如今樊老、左老等都早已作古，但前辈们在工作面前艰苦奋斗、认真负责的精神一直在报社传承，成为报社无形的资产。

【瞬间】“你还是给我换一间吧，我住这样的房，实在不安于心啊。”

【故事】那是接待香港《远东经济评论》记者德尔夫斯时的事情。德尔夫斯是一位英国人，应光明日报邀请来访，光明日报委派一位资深老编辑徐炳和先生陪同。

我把客人安排在南京饭店。这是一家著名老饭店，当时刚对作为主体建筑的中楼进行了重新装修，客房条件自是很不错的。

一切都安排得好好的，然而客人入住后，问题却来了。徐炳和老先生找到我说：“德尔夫斯是外宾，住这个宾馆当然非常合适，但我是来出差的，没有必要住这样豪华的房间呀。”

我对他说：“您这次出差，和平时到外地采访可不一样，在外宾面前，您就代表光明日报，是有身份的陪同，您当然得住和他一样的房。再说按惯例都是这样安排的，您就放心地住吧。”

然而徐老却不以为然，一而再、再而三地找我要求换房，只要具备基本的住宿条件就可以。

我被他盯得紧了，只好去找饭店销售部的经理商量。这位经理跟我也很熟，他说这样吧老姚，我给他这间陪同房再打个折扣。我说关键不在这里，是徐老先生太自律了。

于是我们两人再去找徐老谈，告诉他饭店虽有一号楼专门用作内宾接待，但那个环境条件，万一德尔夫斯要去您房间会很不方便。

徐老虽然最终没换成房，但他一直念叨自己“待遇高了”，给我留下了极为深刻的印象，让我对他肃然起敬。

无独有偶，类似的事情还有。巧了，也是光明日报的客人。这次来访的是两位法国文化界知名人士，陪同他们来宁的是光明日报外办主任。时间久了我已不记得这位主任的名字，只记得他姓贾。

光明日报给我的交代是：住金陵饭店，安排“好一点”，这是他们要做工作的重点客人。我当然照办，房间按 VIP 安排，放鲜花、水果。但奇怪的是他们只要了两间客房。

直到他们到了南京，贾主任才悄悄告诉我，他跟客人找个借口说自己在南京有亲戚，今晚不能陪他们，然后在附近找了一家小旅馆住下了。他说："金陵饭店毕竟太贵，能省就省一点吧。"

云卷云舒，往事当然不会"如春梦了无痕"，这样的瞬间，这样的故事还有许多。它们一直像一面面镜子，让我时时对照自省，以为处事为人的榜样。

（2023年12月31日于养心斋）

我妈是个77级

文/薛星烨

写到这个题目，我就从心底里透着自豪和羡慕。

我母亲在我两岁的时候，考上了南京师范学院77级中文系新闻班。梅花香自苦寒来，这位29岁的往届生，高考前是一名公社初中民办教师，教过语文、音乐和绘画。听说高考恢复，母亲趁我睡熟后复习，停电时看书，被油灯的烟熏黑了脑门；为躲避其难以理解她复考行动的老外婆，打着手电筒躲在被子里看书。功夫不负有心人，她真的考上了，还颇有名气的南师大。

薛梨英毕业前在南师校园留影

在我眼中，母亲是侠女一枚——干练爽快充满豪气。这个 AB 血型的摩羯女，对朋友忠肝义胆，对家人关怀备至。

记得我小时候曾随母亲去南师大校园参观。在大学图书馆前的碧绿草坪上玩耍，高耸的领袖雕像矗立在草坪上，背景是红顶的三层楼图书馆，里面的藏书据说是全省最全最好的。

那时候，常听母亲说起在南师上学的趣事，为我的童年填补了部分母亲陪伴空缺的遗憾。当时物资匮乏，食堂有白馒头，他们大多数同学都吃吃咸菜搭搭白馒头，也有个别家境稍好的，家里常会带些熟菜与同学们分享；谁回家返校带了特产什么的，不消多久，就能被消灭。有一回，母亲从家带了一袋老家自制的萝卜干及炒蚕豆，第二天想要拿点搭早饭吃，却怎么也找不着，看到她在到处翻找，宿舍其他几个同学躲在帐子里笑，原来那些“美食”已悄悄地进了她们的肚里。

纪念入校 20 年，（从左至右）周世康、刘莛、薛梨英合影。

当年的青春曾经也是那么疯狂，女排获得第一个世界冠军，整个校园都沸腾了，敲锣打鼓，彻夜难眠，狂欢了一夜，隔天一早发现校园里多了几条被烧焦的棉胎，以及好几个被敲瘪的脸盆。毕业前，在江大纬同学家小组聚餐，用锅盖翻转替代盘子，装那条大鳜鱼。聚餐结束，十来个年龄相差十多岁的年轻人在南京的梧桐树大街上，手挽着手，肆无忌惮地高唱着电影《知音》中的主题曲，一起步行回南师宿舍,憧憬着美好的未来生活!

工作后的母亲,在我印象中在无锡县地界很有名气,走到哪里都会有人热情地叫她“薛记者”,很多受访者成了她多年的好朋友。童年放假时,我有时会成为她去田间地头、乡镇厂房采访的“小跟班”。记得有一回特别有“气味”的记忆,她去采访孵化农场,我一听孵化小鸡顿时兴致勃勃,起劲地猜测“毛茸茸”们的可爱样子,到了现场,有个孵化大棚,脚刚踏进,一股又臭又暖的气息席卷而至,我被熏得一个趔趄,秒退,逃到外面干呕起来;而母亲和农场主人在大棚里转了很久才出来。

回顾当年,当时的苏锡常一带正是江苏乡镇企业的发源地。在 20 世纪 80 年代中期,苏锡常乡镇企业的成功被概括为口口相传的“苏南模式”。这个时期的无锡农村乡镇经济蓬勃发展,公社村委、农技师、乡镇企业初创者、乡村教师等都是在报社农村部工作的母亲笔下的主人公。有机会和这个时代共同进步发展,正是母亲作为新闻工作者的幸运与责任。

如今已年逾 75 的母亲莳花弄草、颐养晚年,她信奉:70 后的生活就是开开心心过好每一天。

(写于 2018 年)

(注:作者系南师 77 级新闻班薛梨英的女儿)

以史为鉴，教人育人

——从新闻工作者转为文史编辑人的简单回顾

文/薛梨英

我从南师新闻系毕业后，先后在《无锡县报》《无锡日报》当过记者、编辑；由于先天视力不足，不太适合继续在强度比较高的新闻单位工作。1986年，应当时无锡县政协副主席包桂荣的邀请，我调至无锡县政协负责文史资料的搜集编辑工作。

无锡建县历史悠久，早在新石器时代晚期(约六千年前)已有先民定居，可谓人文荟萃，人杰地灵。这方水土哺育出的名人，名镇以及各类文物精品灿若繁星。

为了秉承“用历史知识教育后代”的宗旨，我所在的政协学习文史委员会一贯坚持周恩来总理有关抢救文史资料的指示，“要存真，要实事求是”。从1986年起，到2009年，我抢救性地采集“三亲”(亲历、亲闻、亲见)资料，择其珍品，精心纂辑，共选编出文史资料20多辑，以及国学大师钱穆专辑(由上海人民出版社出版)政协委员风采录2辑等，共计198.5万字。其间，我深深感受到，当年在新闻班学到的对各类讯息的审慎态度对于更好地开展文史编辑工作大有裨益。

江山代有人才出，各领风骚数百年。在近200万字的文史资料中，我们可以看到为我国近代数学领域起到奠基作用的华蘅芳、华世芳兄弟，以及他们将西方科技教育引入中国所做出的巨大贡献：可以看到薛福成祖孙三代倡导变革，学贯中西，走强国富民之路，开国际贸易之先驱的身影；还可以看到在国内外享有盛誉的经济学泰斗孙冶方给中国经济带来的震撼，给社会主义经济谱写下划时代的新篇……在这里，我们还可以看到展现无锡先民惊人智慧的珍贵的出土文物，有新石器时代的马家浜文化，也有春秋战国时期的越国文化，以及渊源浩瀚的吴文化,无不诉说着无锡地区千百年来的史话。

以史为鉴,教育后人。我们要继承历史文化的宝贵财富和博大精神,将其化作促进现代社会发展的推动力。总结过去,不忘先贤,在纪念77届新闻班撰集之际,谨以此文作为新闻学从业者的点滴,以及退休前多年征编政协文史资料工作的纪念。

(写于2024年)

难忘的岁月　难忘的爱人

文/江大纬

我和已故夫人周锋都是南京老三届学生，于1969年元月赴江都县周西公社插队。1974年我们响应知识青年扎根农村的号召在农村结婚，第二年有了我们的女儿。我和周锋都是乡村民办教师，多少次招工、招生、转公办教师都与我们无缘。再到后来，招工政策对已婚知青关上了大门。眼看着大队知青一个个回城，我和她的心里布满了阴霾。

俗话说：屋漏偏遭连天雨，船破又遇顶头风。1977年5月的一天，我们正走在去学校的路上，突然，一阵剧痛向我的左膝盖袭来，疼痛越来越加剧，第二天就不能行走了。我和周锋临时请假到南京治疗，谁知这一病就瘫痪在床四个月，关节肿大如斗，腿肌萎缩似柴，连大小便都要她搀扶。她推着自行车扶我上医院看病，到处打听哪里有专治关节炎的名医偏方。在我病情最严重的时候，我痛不欲生，脾气暴躁，经常发无名火，拒绝喝中药。周锋总是耐心地开导我说：最后的胜利

上大学时带女儿在南师留影

往往在再坚持一下的努力之中。背后她却不知流过多少眼泪。功夫不负有心人,她终于打听到一家区中医院有个医生看这个病有良方,经过一个月的连续治疗,我的腿关节炎逐渐好转,渐渐能下床行走了。

终于等到改变我们人生命运的 1977 年 10 月。我们的苦难感动了上天,正当我们心灰意冷时,他终于为我们打开了一扇门。就在我的病逐渐好转时,10 月的一天,我们从收音机里听到一个振奋人心的消息:中央决定恢复中断了 11 年的高考制度,“老三届”也可以报名。细则还说明:无论婚否,有无孩子,都可报名参加高考。这是改变我们苦难命运的唯一机会,必须牢牢抓住。我和周锋商量马上回乡复习,迎接即将到来的高考。小姨子是中学教师,在很短时间内为我找齐了所有高考教材;女儿仍然放在外婆家;周锋承担了我的教学课程,一人上两个人的课,还承担起所有家务劳动。在农村的家里,灶壁上,墙壁上,床头上,到处贴上了数学公式,我把重点放在数学上,拼命做习题。周锋每天保证我吃一两个鸡蛋,一是保证营养,二是祝我早点“滚蛋”。

与夫人一路同行

初考顺利过关。复考后很长时间没有音信，我如同热锅上的蚂蚁坐立不安。一天下午，我正在家里烧饭，大队民兵营长在门口喊道："小江，公社来电话找你，说是叫你到县里拿录取通知书。"我的脑袋嗡地一下血全涌上来，这是不是真的？难道我们的命运要改变了？我立即跑到大队部，打电话到公社核实这个消息，电话那头明确无误地回答"是的"。当晚我们彻夜不眠，谈了很久很久，我们一会儿哭，一会儿笑，任由幸福的泪水在脸上肆意流淌。

第二天清晨我赶到县招生办，拿到了那份期待已久、梦寐以求的大学录取通知书，打开一看，我的心狂跳不停，原来我被录取到南京师范学院新闻班。学校是我的第一志愿，新闻专业则是我意想不到的。记者这个职业，在当时很受尊重，甚至被称为"无冕之王"，也是我的喜好。此刻，我仿佛是世界上最最幸福的人。我想大声呼喊，多少年了，我和周锋一直生活在压抑和苦闷中，现在终于扬眉吐气了。回来后，我和她到公社买了红酒和菜肉，回来好好庆祝一番，那天我第一次喝了酒，一小杯就醉了。

临走的那天晚上，我和她谈了很多话。她半开玩笑半认真地对我说："你上大学了，以后的路对你来说是金光大道，而我还在农村，不知什么时候才能回城，你不会抛弃我吧？你可不能做陈世美啊！"我向她赌咒发誓："我们是患难与共的夫妻，在我生病最痛苦的时候，你对我不离不弃，细心照料，才使我有了今天，如果我成了陈世美，那要遭天打五雷轰的，我的家人，我的良心绝不会容忍我这样做！"

在学校里我和其他老知青一样发奋读书，成了老师眼里最刻苦的一代学生。由于身体虚弱，在紧张的复习考试前我晕倒在宿舍里。

周锋的日子更难熬，孤守空房。为了阻止个别不怀好意人的骚扰，她一回到家就把门紧紧关起来，靠写信来消磨时间，打发寂寞。1979 年初，她终于以"困退"名义回到城里。没有工作，没有收入，只靠给人加工玩具娃娃赚点微薄收入，我也利用不上课时间帮她忙。后来她又到水科所给人当小工，拌水泥、拎泥桶。我上学没有工资，还要花钱。女儿全靠外婆出钱出力抚养。这种经济上的困难一直要等 4 年，我毕业之后才会好转。

我实在不忍心再增加本已困难的父母的负担。正好那时国家也考虑到部分成家的学生经济上太困难，出台了一个政策，允许这部分学生本科转专科，提前两年毕业工作。我心动了,偷偷打了报告准备改读专科。当我把报告给周锋看时,她动情地说:“我们在农村吃了那么多苦,图的不就是你能改变我们的命运吗?你怎么能在关键时刻因这点困难而退缩呢?”

她决定向双方父母求援,取得了两个家庭的大力支持,使我们渡过这一难关,我顺利地完成了学业。

毕业后分配在新华日报工作,我与夫人从此过上幸福的生活,一直到退休。

可惜这种幸福没能过到头,我心爱的夫人因病不幸于2018年5月去世。我时时都怀念她,怀念上大学的那段难忘时光,并以这篇文章纪念她,我永远的爱人周锋。

(写于2024年春)

一路上有你——南师新闻班

文/肖　泉

四十多年前，我在南京港务局建港指挥部工作，先是修汽车，后来搞文秘。参加高考只是碰碰运气，哪知碰上了，成为扩招生，进了南师。因为学校宿舍紧张，校方允许南京部分新生住在家里，我又成为走读生。报到后才知编入新闻班，似乎又成了代培生。这几个特殊的身份，有点另类，又让人觉得低人一头。进班后班委会让我当了组长，为了表示组长的心意，我带组里同学到家里小聚。因当时条件有限，只备了几个凉菜和水饺，现在都觉着寒碜，未尽到地主之谊。

毕业前南师校门口留影

毕业前一年到新华日报南京和盐城记者站实习，拜师徐向东、张成林老师，拿着报社介绍信经常独自出去采访，初尝无冕之王的快感。采写稿件有大块头也有豆腐块，见报时好有成就感。独立采写的东台港务处"大老粗的新变化”还被报社评为好稿。

谁知毕业后分配进了机关。第一份岗位从事党刊采编，拿到了有生以来第一张记者证并破格获得了中级职称。之后虽然多次换岗，但始终与新闻结下不解之缘。1992 年初奉调新华社香港分社，参与香港回归的相关舆论工作。1998 年调回省委外宣办担任副主任，后又任省委宣传部新闻处长，仍然是和媒体打交道。2001 年调省广电总台担任副台长，分管宣传、城市频道、影视、报刊、网络传输等工作，拿到了第二张记者证，组织策划了一批新闻栏目和影视作品，并在此期间担任省记协副主席。2007 年调省政府任首位发言人(按西方说法实际上是在政府工作的记者)先后举办发布活动两百多场次，似未出彩亦未出错，每篇提供给新闻单位的通稿都亲自把关修改，有不少重要稿件上《新华日报》和省广电总台一版及要闻，并组织推动了省市县三级政府新闻发言人制度的建立完善，在实践基础上组织撰写了一批业务论文，有几篇获省级一、二等奖，期间又筹备建立并逐步完善了省级政务公开及政务服务制度。

是改革和南师让我获得高等教育的机会，是新闻班让我获得安身立命的本钱。我们都要感谢南师，感恩新闻班！当然更要感谢南师和报社的老师：当初我家住宁夏路马鞍山，与支老师是邻居，受教更多；王霞林、刘向东老师调宣传部工作后，我作为部下又继续受教，与有的同学后来工作又走到一起，真是一种缘分！相信新闻班会在江苏新闻史上留下不可磨灭的印记，乐见新闻班同学都在不同岗位上为江苏经济社会及新闻事业发展发光发热……如今同学们绝大多数已经或即将退休，但对新闻的敏感和关注却退而不休，对新闻班的情结、同学们的情谊却历久弥新。一路上有你——南师新闻班！

以诗作结：入校四十年，聚会一瞬间。寻常少联系，世事多变迁。遇上同学份，结下今世缘。又期下一站，再话情谊绵！

往事随风

文/肖　泉

1992 年春天的一个早晨,我奉调踏上了去新华社香港分社工作的旅程。此时,距我知悉这个调动还不到一个月,离香港回归还有五年多,途经广州突击培训了一周,便从深圳跨过了罗湖桥,看到风中摇曳的米字旗和耸入云天的高楼大厦,心中充满了忐忑。

到港第二天就报到上班。所在的部门主要是联系对接传媒,开展舆论斗争。和所学的专业看似对口,但香港殖民百多年,舆论环境十分复杂。所以第一步要尽快熟悉舆论环境。争取民心的工作需要春风化雨,假以时日。所以刚到香港的头两年,我感到比较吃紧和压抑,内地的一些套路在这里基本上不适用。好在形势越来越好,随着香港回归脚步的临近,舆论环境逐步发生了积极的变化。直至 1997 年香港回归,都一直在不断适应这里的舆论环境。尽管香港的主权回归了,但舆论环境似乎并没有云淡风轻,人心的回归还有很长的路要走。

在香港特别行政区成立仪式上留影

除了要熟悉舆论环境,还要熟悉当地的语言环境即粤语,否则难以开展工作、与人交流。为此,我从听广播看电视入手，用了三个月时间，初步解决了听的问题，一年之后基本识听识讲。记得有一次参加一个外事活动，有个外国记者主动跟我用粤语打招呼，其流利程度令人咋舌！此后，我在对外联络中努力全程讲粤语，使沟通交流更加顺畅，气氛更加融洽。香港回归后的第二年我调回内地工作，语言环境又发生了变化，但粤语基础没有太大的变化，特殊时刻还发挥了作用。有一次前香港特首和澳门特首分别率团观摩上海世博会，结束后先后到我省考察，省领导指派我代表省里全程陪同。在此过程中我一直用粤语与二位特首及其手下交流，很快拉近了彼此的距离，增加了好感，圆满完成了接待任务。

此外我还要适应香港的生活环境。亚热带气候造成香港的闷热多雨潮湿。在港工作期间，最不适应的就是高湿高温。几乎所有工作环境和公共场所都有空调，在屋里比较凉爽，去外边就像蒸桑拿，尤其是参加活动着西装时，更加是表面风光，内里汗淌。在港工作期间，所洗的衣物全靠烘干；衬衫裤子干了会变形，无奈我学会了熨烫；因为汗多必须每天换衫换“行头”；因为工作要求，正式场合必须正装领带，为了求快省事，很多同事都事先打好领带，需要时就套脖子上，之后也不解开，以便下回使用。长期“贪冷气”造成了空调病，体质明显下降，虚火上升。有个同事夏天去外应酬，在包间里怕凉居然要戴帽子！饮食方面港人喜欢“饮茶”食海鲜，所以初到香港，几乎天天早歺喝柠檬茶，据说可以去湿提神。但几个月下来，牙齿出问题了，有几颗牙被酸坏，疼痛难忍，只有去外边求医，至今牙齿都受影响。长期食用海鲜，亦造成负面影响，尿酸居高不下，以至于现在怕了海鲜。这些都是在港工作必须付出的代价！

有了上述三个适应，才能做好本职工作，搞好三个服务。

一是服务中心。当时的工作中心就是香港的平稳过渡和主权回归。而回归的历程充满坎坷和斗争。港英当局不甘将香港这个“会生金蛋的鹅”拱手交还中国，在中英关于香港回归的几十轮谈判中不断设置障碍，提出很多先决条件，企图用治权换主权，阻挠我在香港驻军……为了维护国家和香港市民的根本利益，我们在上级的指导下，全力配合我外交斗争，几乎每天都要在我方媒体上发声，有时也向中间传媒发稿。我们部门的领导撰稿，有关处室批量发稿，我也抽空写了一些评论文章。每当回归工作的重要节点，我们都开足马力；每当众说纷纭、谣言四起时，我们都力挽狂澜；每当突发事件时，我们都平稳处置。

二是服务内地。香港回归前内地各省纷纷到港招商，需要加大宣传力度。我们都积极配合，介绍办展场地，邀请有关媒体，发放新闻通稿，汇编媒体报道。内地新闻单位来香港媒体访问交流，我们积极帮助联系，陪同参访。我省先后有几个新闻代表团访港，我都尽地主之谊。当年老同学周跃敏带领扬子晚报几个同事到港，我陪他们去有关媒体交流业务，至今历历在目！时任南京大学党委书记洪银兴率团去香港推介一套历史系列丛书，指名要我全程参与并重点做好媒体邀请及对外报道工作，我感谢洪书记的信任，当然也没有辜负他的期望。

三是服务领导。香港回归前中央有关部门对香港舆情十分关注。我们每天早晨上班第一件事就是浏览所有报纸，将有关报道剪辑汇编成册，传回北京。我所在的处室负责文件运转，所有文件处理不能过夜，不能有任何差错！可偏偏有一次领导来找一个重要文件，到处找不到，吓得我出了一身冷汗，收发文件的女同志都哭出声来，后来好不容易在一个不起眼的文件夹中找到。新华社香港分社副社长张浚生分管我所在的部门，又是分社新闻发言人，其张弛有度、落落大方的举止深受港人和香港媒体欢迎。我有幸多次帮他秘书代班(休假)，直接为其服务。有一次他去参加一个春茗活动并当主礼嘉宾，由于我的粗心，把港岛和九龙两个同名酒店搞混了，找错了地方，结果差一点迟到！当时张社长并没有训斥，只是说以后要细心一点。至今我内疚不已！张社长后来回到浙江工作，突发急病去世，实在令人惋惜！

代表省广电总台领取华表奖

香港回归前夜，我们天天通宵达旦，加班加点。6 月 30 日晚，我们坐大巴去香港会展中心参加政权交接仪式。当时暴雨如注,上车之时已浑身淋湿。对这场豪雨,香港媒体戏称为"冲刷中华民族的百年耻辱","大人出门招风雨",也有说"挥泪送港督"。子夜时分,政权交接现场五星红旗庄严升起,米字旗黯然落下。我们心里的石头终于落了地。由于多年参加香港回归的宣传舆论工作,发挥了积极作用,我们的部门及个人均受到国务院新闻办公室的书面表彰,总算对组织、家庭及个人有一个满意的交代!

香港回归第二年,我调回省政府新闻办公室工作,担任副主任。和老单位及老朋友始终没有断线。当年我的一个手下现在被提拔为中联办宣传文体部部长。我有一次出国途经香港,专门去看他,相见甚欢。

当年我们能参加高考,到南师新闻班学习,得益于改革开放总设计师邓小平决策恢复了高考制度;能到香港参加回归工作,也得益于小平同志对香港回归的直接关心和指导。七年的工作实践,使自己对小平同志"一国两制"重要思想有了比较深刻的认识。2003 年参加中央党校十八期中青年干部培训班,毕业论文的题目就确定为《对一国两制的辩证思考》,该文后来收入党校学员论文集公开出版,还发表在《群众》杂志上。

退休后,我又专门去了一趟香港,故地重游。在皇后大道东 387 号当年新华社的旧址,在成和道 5 号的宿舍楼前,在跑马场绿茵丛中,在维港的旖旎夜色下,在繁华的铜锣湾商圈里,在全港最高峰大帽山顶,搜寻当年的记忆,感叹岁月的蹉跎……

由衷地祝愿:香港的明天更美好!

学习·历练·抉择

——我入读南师新闻班与职业生涯回顾

文/陈道龙

我在新华日报工作35年，开始是做版面编辑，后来转做调查群众反映的问题、社会问题的记者；坚持舆论监督报道26年，成为全国媒体中坚持做舆论监督报道时间最长的记者之一，获评高级记者；4次获中国新闻奖，9次获江苏省报纸优秀作品年度评选一等奖；发表重头舆论监督稿100多篇。

2017年，我参加全省“好记者讲好故事”演讲选拔赛，获得一等奖，被推荐参加全国“好记者讲好故事”演讲比赛，获得优秀选手证书并被通报表彰，继而被推荐参加全国巡讲；先后在央视礼堂、中国人民大学等7处演讲，参加7场与媒体人员、高校师生的座谈会。我的演讲赢得一阵阵掌声，10多次应邀解答有关新闻调查和舆论监督方面的问题。演讲稿在杂志发表后，被“长江”客户端推出，受到较多关注与好评，有的学校还把我做调查记者的事例编写到考试题里，让学生思考回答。

能到新华日报工作，能在舆论监督报道上做出一些成绩，与进入原南京师范学院中文系新闻班学习有着密切关系。

意外的新闻专业

1975年夏，“文革”后期，我从南京第43中学高中毕业。按当时政策，我作为长子“照顾留城”。待业一年多后，分配到秦淮区饮食办事处下属一家早点店，学打烧饼炸油条，两个多月后，调到一家甜食店，学做汤圆、麻团等甜食面点。我干得很卖力，不久被任命兼职做库房保管，每周每月要盘点记账。

1977年9月底，得知可以报名高考，我到区饮食办事处报了名。通过第一轮考试后，我填的志愿分别是北大中文系、南大历史系考古专业，最后填上“服从分配”。

次年初春一天下午，我正在店门口炸油端子——一种有豆沙馅的糯米粉甜食，核算点会计送来一封信，拆开一看，是录取通知书：我被录取在南京师范学院中文系新闻专业，一周后报到。

“新闻专业”，我对它既茫然又兴奋，从来没有想过要去学的专业！我平时不太关心新闻，偶尔看报纸，主要是看副刊上的文章。现在却要去上这个专业，该怎么办？

当晚，我在街头做了一次漫长的散步，最终和这个专业达成和解，打定了主意：好好学习中文，认真钻研文学写作，也学一学新闻。

大学期间，（从左至右）吕解生、陈道龙、陈颐、宋晓男、杨培江合影。

受益终生的学习

报到后才知道，我们这批后录取的属于77年招生中的扩招生，这个新闻专业班(以下简称“新闻班”)是由省委宣传部与南京师范学院、新华日报社合办的。与第一批录取的学生相比，我们迟进校1个月。学习期间的前两年，新闻班4个小组分别插入中文系4个师范班里，学习中文系基础课程，后两年集中起来学习新闻专业课程。我分在第3组，插进中文系77级3班。3班对我们十分友好，开了欢迎会，我们很快融入进去，开始了紧张丰富的学习生活。

前两年，学习了大量后来受用终生的基础知识：现代汉语、逻辑、古代汉语、中外文学等，大多数老师讲课都很精彩，引经据典，张口就来，给人印象深刻，令我们学习兴趣大增。学习与研究气氛十分浓厚，文学社团等很活跃，自己深受其益。

如其中的写作课，按体裁分类逐个讲授，并布置写作练习。教这门课的朱莹选老师善于指出学生作文中的优点，激发大家学习热情。后期讲到新闻通讯写作，朱老师参加过著名人物陈腊贞通讯的采访小组活动，有实战经验，他布置作业采写一篇通讯，这是我第一次新闻采访与写作的锻炼。

老师鼓励大家结合所学知识写作学术小论文。我当时试着将民间故事《牛郎织女》写成叙事诗，读了《漳河水》等几部诗集，感到语气词“哟”的使用颇为奇妙，于是结合语音课上学的知识，写成小论文《神秘的“哟”》，同宿舍的薛和看后说：“要是投给《语文学习》之类的杂志，没准会刊登哩！”我当时热衷于文学写作，对在这样的杂志发表文章没有什么兴趣，也没有去投稿。事隔40多年，我再读此文，感到它写得有理有据，娓娓道来，论述颇全面周到，是我当年一个有趣的学习实践，一次很好的锻炼。

重要的专业实习

从第三年开始，新闻班4个组集中到一起，以学新闻专业课程为主，其它没有学完的基础课(如中外文学史、世界史等)继续上完。

按照办学方案，专业学习由新华日报社承担，南师协助。报社非常重视，安排精心独特：派了三位报社资深编辑脱产从事新闻班的日常管理工作，并分别授课：原总编办副主任、复旦大学新闻系毕业的王寄忠老师讲授“新闻学概论”，提前安排支德裕、薛恒淦两位老师专门到中国人民大学进修“中国新闻史”课程，回来后任教该课，其中一人讲授“五四”前的，一人讲授后面的；安排报社经验丰富的业务领导和采访写作高手、资深编辑分别担任新闻、通讯、言论写作与编辑的教学，特点是实战经验丰富，经常现身说法。在后两年里，报社还向每个同学赠送一份《新华日报》，供大家阅读学习。

还有很重要的是：先后安排3次实习，时间累计5个多月，培养从事新闻工作的基本技能，让我们对新闻工作有了比较深入的了解体验。

第一次是采访写作实习，安排在进入专业学习的第一学期末，为期1个月，占用了部分暑假时间。我与许建军同学被安排在镇江记者站，由匡启键老师传带我们。他认真热心，手把手教我们采访写稿：采访前，他先大致介绍一些情况，采访后领着我们讨论怎么写稿，然后让我或许建军先写初稿，他再修改完成。这次实习让我初步熟悉了新闻采写方法。

第二次仍是采访写作实习，在专业学习第二年第一学期开学，时间两个多月。我与宋晓男同学被安排在常州记者站，每人有一位驻站记者指导。

这次实习的特点是时间长。指导老师带我采写两篇新闻后，就需要我自己去找新闻线索。另外，看到同学陆续有稿件见报，我也很有压力。怎么办？逼着自己想办法找线索，四处打听。路过宾馆、招待所，常见贴着各种开会通知，我就去询问会议内容，还去旁听。会议期间或者刚结束时，我就向组织者、参加者了解情况，由此采写了《在全省大力推广经济合同制》等两篇新闻稿顺利见报，又采写了第三篇《武进举办养兔培训班》一稿，打电话到农村处，接电话是处长高羽，他说这样的培训班各地办得很普遍，不是什么新闻。他问我培训班上听到什么新鲜事，我说：“技术员介绍县里有个女社员培育出11斤多重的毛兔，很少见。”高羽说：“这倒有新闻性，你去采访看看是怎么回事。”我赶紧去再了解，第二天又去武进农村采访这个社员，写出见报了《朱梅珍育出十一斤重的毛兔》一稿，这是我这次实习见报的第一篇小通讯，是我独立采写的第一篇通讯。

这次实习期间，我与驻站记者合作及独立在新华日报和内参上共发表9篇稿件，在班上可能只是中等成绩，但在我基本掌握了新闻采写方法，还体会到采访能让自己迅速了解重要的有意义的事情，是一种令人充实与有乐趣的工作。

第三次实习在新华日报编辑部,在最后一个学期的开头两个月,是对校对与编辑工作的学习与实习。时间大致是:校对组一周,版面组一周,其余时间是稿件编辑实习,一个多月时间,我被安排在农村处。在校对组、版面组实习要上夜班,报社为男生在会议礼堂搭了临时床铺供休息。这次实习,让我们熟悉体验了一张报纸产生的全过程,是很好的技能培训和职业教育。

从业后的抉择

4 年学习结束,我分配到新华日报总编办下属的版面组,从事版面编辑工作。这是报纸出版中一项重要工作,需要较好的文字基本功和新闻认识能力,还需要一定美学知识,但却不是我向往与乐意的工作,而且要长期上夜班,我白天难以睡好,不太能适应。但我想这是必须要有人来做的事,于是认真向老编辑们学习,在半年内让自己成为熟练的版面编辑,能够独立工作。

工作熟练了,改稿与版面设计经验不断增加,我就利用在校学过的知识,整合遇到的实际事例,在当年底和第二年先后写了新闻业务评论《"达理"还要"通情"》、编稿札记《希望正确运用时间副词》,发表在本报业务探讨性杂志《新闻通讯》上。

在南师读书后期,我选修过《普通心理学》课程,还听过美学讲座,知道"注意"这种心理现象的原理和特点,逐步感到版面设计的目的就是应用美学规则的"引人注意",要设计出好的版面就应当符合"注意"原理和美学规则,于是找出当年的心理学笔记查阅——当时不少课程都没有课本,有的仅有油印讲义,而像"心理学""新闻史"等课程连油印讲义都没有,都靠记笔记。我结合自己版面设计体会及对本报与外报版面的观察,写了论文《"请你注意"——和报纸编辑谈报纸的非语言手段及其改进》,在《新闻通讯》1987 年第二期刊发。

我的工作也取得一些成绩,数次获评本报年度好版面奖,传带了几名新来人员,两次应邀去为办企业报传授版面知识与技能。1987 年下半年评上中级职称后,我一再考虑:已做版面编辑 6 年多,是继续干下去?还是应换一个更向往的工作?我想到学新闻时的实习经历,有信心能做个合格的记者。听说外地记者站比较缺人,特别是苏北徐州等地记者站很需要人。我写了份"调动申请",在 1988 年上半年交给人事处,希望去一线当记者,愿意去苏北记者站。

交上去的“调动申请”大半年都没有动静。其实，我也知道其中有个原因，是报社从事版面的人手并不充裕，甚至还有些缺人，因为当时报社又办了《致富报》《扬子晚报》等几份报纸，都需要版面编辑。

到这年秋天，得知省里正组织新的一批扶贫工作队，要求报社派3人参加。我想这是去了解社会的一个机会，主动到人事处报了名。

当年国庆节后，我就被派到苏北扶贫，任一个镇的镇长助理，主要协助分工文教卫生和计划生育工作的副镇长工作。在跟镇干部一道开展工作之余，我经常骑自行车到村里，还到附近市县了解情况，常常晚上住在农民家，和光棍汉挤在一张床上。

扶贫一年，在文学上的收获是发表两篇报告文学和一篇纪实小说，在新闻上收获是发表6篇新闻稿和1篇内参，特别是这篇内参的采写经历还改变了我后来工作发展走向。

一个正义感强的镇干部向我反映：镇里有几家个体工商户搞合同欺骗，骗买骗卖，雇人做打手，买通工商公安部门人员，很多人看了都是敢怒不敢言。他希望我能向上级部门反映这个问题，刹住恶劣风气。我到现场观察，把外地来讨要货款无着，甚至被打的人请到宿舍详细了解，写成内参稿寄到报社。内参刊登后，很快就引起当地工商公安部门重视，行骗者受到查办，恶风被刹住。我第一次真切感受到内参的力量与作用，认识到调查与舆论监督的作用与意义。

扶贫结束，回到报社。不久后人事处通知，调我到群工处。

坚持做舆论监督报道

1990年初，我到群工处读者来信组工作：阅读处理来信，能编辑见报的直接编辑见报，对反映问题重要但需要核实了解的，就去调查采访，写成“调查附记”、“问题调查”等形式的稿件见报，少数重要、特殊的作为内参刊登，由此开始以舆论监督报道为自己的主要工作。

可以说这是争取来的工作，我的积极性是比较高的。当年上半年第一次出差20天，一连调查8个问题，写作见报5篇稿件，其中《一个富村变穷的教训》被评为本报年度好稿二等奖。

1995年6月，我和一个通讯员到南京机床厂调查国有资产严重流失问题，发

表报道《来自一个大型企业的警报》，社会反响强烈。读者建议在报上讨论这个问题，防止再发生类似事件。由此本报开展了两个半月讨论，产生较大影响，南京市长也来信称赞报道与讨论，认为十分重要和有意义。之后，《人民日报》、新华社也开展了这方面报道，国家下发一系列文件，要防止国有资产流失，加强国有企业改革和管理。这篇稿子评上全省报纸年度好新闻一等奖，又获得中国新闻奖三等奖。

以后，在做好一般性的批评监督稿之外，我如遇到比较重要的问题线索，就着重深入扎实调查采访，把稿子写好，不让它在自己的职责内出现差错。我和同事合作与个人独立署名的 8 篇调查报道得了全省一等奖，3 篇调查报道得了中国新闻奖。

后来我先后调到焦点新闻部、内参部(深度报道工作室)，一直坚持做调查报道这种形式的舆论监督报道，直到退休。

2017 年 12 月 14 日，在央视礼堂演讲。

得奖仅反映我工作的一个侧面，我更多的花费大量精力的报道是力求使舆论监督发挥更好的实际作用，促使相关问题得到解决，受害人利益获得维护，进而改变某种不良风气等。虽然很多这些稿件没有得奖，或仅得到月度、年度小奖项，它们的效果也令我欣慰。在年满 60 周岁后发表的一篇舆论监督调查稿，还促使两名诈骗人被判刑，20 多名受骗的农民工获得近 20 万元的赔偿。

调查中，我曾被人扭伤手指，抢走相机，3 次被带进派出所，记者证被抢走撕坏，还有人恐吓要砍我……

我多次把别人推上被告席，自己也多次被批评对象告过。一次瓜农求助，他们被推销施用一种“抗枯萎病”的生物肥，种的西瓜却严重枯萎。我调查揭露抗病肥是个忽悠。经销商把我告上法庭。结果开庭一整天，在人证物证面前，对方不得不撤诉，农民还得到50多万元赔偿。

现在，我对新闻专业与新闻工作有了更深的感悟：它不仅能让我们求职谋生，还是能参与推动社会进步、推动历史发展的有意义的事业，其中的调查性报道是进行舆论监督的利剑，在揭露社会问题、促进社会进步上更为功效显著。

有幸学习新闻专业，有幸从事问题调查和舆论监督报道，真诚感谢教育过我的老师们，感谢帮助支持过我的人们！

（写于2024年）

琐事的记忆

文/刘　杉

人的一生往往会经历很多的事情。多年之后，大多数记忆随着时光的流逝逐渐淡去，而有的记忆看似平淡无奇，却至今依然让人难以忘怀。

1978年，高考的恢复，彻底改变了众多像我这般普通年轻人的人生走向。进校初期，每天的心情都充满着激动和好奇，对知识的渴望和追求，驱使着我和其他同学一样，将大部分时间遗留在教室、图书馆和校园的池塘边、树荫下。但因十年“文革”，导致当时社会精神产品极度匮乏，尤其世界文学名著，除了学校图书馆可偶尔借到外，甚至连全市最大的新街口新华书店里也难觅其踪。我住的宿舍是一个混合宿舍。记得有一次，同舍的一位78级室友借到一本《基度山恩仇记》，时间很紧。为了都能一睹为快，其他几位室友与书的主人紧急商定，在他不看的有限时间内轮流翻阅。轮到我看时，限定的时间是一个晚上。从当晚的8点多钟直到第二天早上4点多，为了不影响他人休息，我打着手电筒猫在被窝里偷偷地看，终于囫囵吞枣般地将全书翻阅了一遍。过后身体虽然疲惫不堪，内心的畅快却无以言表。

1978年进校初在南师留影

可喜的是，随着全社会思想解放步伐的不断加快，这种精神产品严重短缺的状态很快得到了改观。印象最深刻的，就是进校后学校书店首次公开销售中外经典文学名著。坐落于由宿舍到教学楼途中的校园书店,印象中占地面积不大,也就在10多平方,那一天,书店内名作新书琳琅满目,柜台前购书人群人头攒动。当我排了近一个小时队,终于捧着《红与黑》《安娜·卡列尼娜》《约翰-克里斯多夫》等一摞子外国名著挤出人群,后面排队等着买书的学生长龙依然蜿蜒不断,足有近百米长,真可称得上当时校园内一道暖人的风景。

在无锡电视台工作时留影

徜徉在知识的海洋中,每天从清早到深夜,不知疲倦地紧张学习,成了当时我们每个77级同学生活中不变的主题。只有到了周末,大家才能稍微放松一周来始终绷紧着的神经。进校以后有段时间,每到周末吃完晚饭,我和本组的同乡老蔡就经常会互相约了外出散步作为调剂。走出校门后,我们在昏暗的路灯和浓密的树荫陪伴下信步前行。尽管那会时间尚早,不过傍晚7点钟左右,但道路两旁大部分商店已关门打烊,一路上行人也颇为稀少。我们沿宁海路,上山西路,往南到鼓楼、新街口,往东直奔大行宫,最远的曾几次走到秦淮电影院,然后再原路走回校园,一边谈论着沿途的景观掌故,一边体验着古城醉人的文化气息,这种感觉,至今想起来仍十分温馨。

(写于2018年)

写在即将到来的 2018 春天同学聚会

文/吕解生

2018 春天来到的时候，我的内心宁静而幸福。因为 2018 年，既是我进入南京师范学院 40 周年，也是我退休的年份。从 1958 年出生到如今，60 个春夏秋冬寒来暑往，其中几多人生的重要节点，40 年前的 4 月 10 日无疑是永远难忘的。那一天，我进入南师成为新闻班的一员。

我出生在建湖农村，1975 年 7 月 10 日从公社中学高中毕业。对于一个三代贫农的农家子弟来说，在那个年代，唯一的出路就是回乡务农。然而，1978 年春天飞来的一纸入学通知书改变了我的人生之旅。不过，帮助我在大学就读期间进步提高的，是我的同学，尤其是我同宿舍的几位老大哥，是他们，不断给我打开新的门窗，让我从一个懵懂无知、不晓得天高地厚的农村小子，成长为一个稍微知深浅、略略懂进退的知识青年。

大学期间在南师大草坪留影

我现在仍然不会忘记，当我在宿舍里看到许海燕在真有砖头那么厚的装订本上翻译俄文作品时所带给我的震撼。更多的震撼还有：上古典文学课时，往往老师在讲台上刚刚说了一首古诗词的开头，我身旁的姚大鋆、瞿进达就已经在课堂笔记上写出了后面的诗句，不是一次两次，而几乎是每次。后来成为南京师范大学校长的谈凤梁老师，他的精彩讲学为同学们深深折服，讲课时却偶尔会来一句："大鋆，是不是这样的？"老师对他的青睐可见一斑。当蔡贵方在我们宿舍同时和隔壁宿舍的两个人盲下象棋,并且三盘皆胜时;当过耀华在宿舍凭空做出暗房,把相片洗印放大出来时;当英语老师因病不能上班,姚大鋆、许松铭走上讲台代课时;当我知道周世康在入学前就是《新华日报》通讯员,且有文章在《新华日报》发表时;当我在《人民日报》上读到赵翼如写的散文《焦骨牡丹》时——这些同学让我惊为天人!

那时候几乎每一天,都会有新的发现震撼到我。于是,因考中南师而产生的一点点沾沾自喜和飘飘然,被惊得无影无踪。博学多才、无比优秀的同学啊,让我产生了窒息感,他们激发我内心动力,让我觉得要是不拼命学一点东西,就无法面对他们。因此那时的我,晚上能到多晚就到多晚,早上能起多早就起多早,无数的小卡片,从抄写到默写,从卡片到16K的大纸,把本来几乎一首都不知道的唐诗宋词,生生地背上500多首,把优秀的外国诗人的诗歌,抄写了一本又一本。虽然是这样,却不好意思说出来,怕老大哥们笑话。

然而他们对我这样一个小老弟从未有过歧视和不屑,总是那样的平和亲切,最多只是跟我开开玩笑,说我"嘴上无毛,办事不牢"。

如今的我,不仅嘴上有毛,连头发也斑白,同学老大哥们在我心中依然是那么灯塔和标尺一般在激励着我,影响着我的生活态度。我老是在想,以老姚那样扎实的基础,学习仍那么刻苦认真。他担负生活委员的工作,热情周到地为大家服务,一地鸡毛的琐事,他却做得那么认真、细致、一丝不苟,这是何等的淡定。比如说老龙,一个屡屡获得中国新闻界最高新闻奖的人,却依然坚守着一名记者的一方田地,闷声勤勉地耕耘,从来没有半点张扬和炫耀,这又是怎样的一种胸怀和智慧!

一个从田埂上走过来的农家子弟,最终成长为一名新闻工作者,我心足矣。而在30多年的工作中,无数次碰到挫折,面对误解或者不公正的现实,我最终都能付以淡淡的一笑。这种自认为的淡定与从容,全是来自我的这些同学。我每想起他们,就更加坚定地甘守平凡。和他们的淡泊天然相比,我还有什么不满足的呢?

感恩南师!

感恩我的南师同学!

（写于2018年）

在那硝烟弥漫的远方

文/吕解生

人的一生，注定会遗忘许多东西，也注定会有一些记忆无法忘却。比如，1978 年的春天，作为“文革”后恢复高考第一批的幸运儿，我走进了南京师范学院这所美丽的校园，成了一名中文系新闻专业的学生，从此改变了我这个祖祖辈辈是农民的种田娃的人生；再比如，1985 的仲夏，我去了云南老山……

那年的 6 月 23 日，踏上了去云南的征程，我年轻的心开始颤抖——不是因为害怕，而是因为激动和兴奋。在云南，离我们盐城遥远的彩云之南，在麻栗坡县，一个叫老山的地方，那里，炮火纷飞，硝烟弥漫。

那是我平生第一次去那么远的地方，更是第一次到军人为保卫祖国而厮杀的战场。然而，当我走进老山茂密的森林，踏着崎岖的山路，看到解放军指战员们或微笑或疲倦的面庞，听着那隆隆的炮声，我却没有丝毫的陌生感。因为，我从小就梦想着能穿上绿色的军装，但是，1974 年的冬季，高中二年级的我，在报名参军的体检中，因为鼻窦炎而失去了资格；再因为，大学毕业后来到了我工作的报社，知道了钱毅——我们这张创刊于 1943 年的《盐阜大众报》一个永久的闪闪发光的名字，一名记者，一位烈士——他就成了我心中的榜样——做一名战地记者，哪怕和钱毅一样为之付出生命。

于是，在那个夏日，我开始了内心早就渴望的远行。

那次的远行，源于老山战事。

老山，云南文山州麻栗坡县天保镇船头村以西的中越边界骑线点上，12 号和 14 号界桩之间，主峰海拔 1422.2 米。占据老山，向北可以看到我国境内 25 公里的广大地区，向南可以俯视越南老寨、清水以南直至其河江省会的 27 公里之远，向东可扼守麻栗坡至河江的主要通道，向西可监控 12 号界桩以西边境要冲。

1979年我对越自卫反击战以后，越南派兵侵占了老山，并不断骚扰我边境，打死打伤我边民无数。1984年4月，昆明军区两个军收复老山，此后，我军不断换防。1985年5月18日，我济南军区67军与南京军区1军换防。5月底，就与越军有师级规模的大战，战况异常惨烈。

在67军下辖的一个炮团，一位副团长的妻子是我市的公安民警，在部队刚刚到前线时，这位妻子给丈夫写了一封信，鼓励他立志边防保家卫国，此信当时在全军引起巨大反响，我据此采写了长篇通讯《亏了我一个，幸福千万家》。

稿件的采写见报，像一粒种子在我心中蠢蠢欲动，这粒种子突然地生长出来，长成了从军人到战场到战地记者的大树，枝叶伸向了遥远的西南——我向报社领导提出去前线采访的请求，终于，军分区一位同志、电视台的一名记者和一名摄像，还有我，一行四人，6月25日到达昆明。

记不清是昆明军分区还是67军派的军用吉普，在经过两天的山路颠簸，27日傍晚，我们来到了当时的军部所在地麻栗坡落水洞。

见到老乡官兵，瞬间感受到从未有过的亲切，呼啸的炮火中，乡音犹如天籁，王成式的英雄、盘肠大战的勇士、几乎渴晕的送水上前线的战士、在猫耳洞多少天不见天日的裸体军人……采访的官兵，每一位都给我震撼。那时的战场，后方也不安全，冷枪冷炮谁也不知道会在哪里炸响，我们到的那几天，虽然没有战事，但在军医院，我们每天都看到有新的伤员，因为除了毫无预警的冷枪冷炮，还有边界线上十几万颗地雷就像躲藏着的杀手，随时随地会出来咬你一口。因此，我们的采访，基本都是在军、师、团部的营区里，即便如此，也没有太多的安全保障，因为总归是在战区，因为那炮弹是不长眼睛的，我就亲眼看到山坡上的一位哨兵，一眨眼就没有了，而炮弹的气浪，差点掀翻我们的汽车。

7月8号前后，部队要求我们立即离开，说很快要发起一场新的战役。同行的另外三位劝我和他们一起回去，但是我不死心，我想，到了战区，如果既不能亲历战斗，又不能到达最前线，我这个记者，有何面目面对经过战火洗礼的报纸？有何面目面对前线200多参战的老乡官兵和他们的亲属？有何面目面对烈士钱毅？

我留下了。军部的一位参谋老乡对我说：“你想要去前线，必须要得到军首长的批准，否则没有人敢把你带上去。”

当你坚守你的信念时，总会有冥冥之中的机缘。军参谋长粟戎生是粟裕大将的儿子，1984 年 2 月粟裕去世后，有骨灰安放在我们当地的烈士陵园，那片土地上，安眠着他的无数战友，他要陪伴他们。而 1984 年清明举行的粟裕将军骨灰安放仪式，正好也是我去采访的。以此为由头，我和粟戎生参谋长搭上了话。也许是因为战事的压力，粟参谋长话不多，对我要到前线的请求，他未置可否，只是对陪着我去的参谋说："前线非常危险，无法保证安全，你们商量。"

我并不要什么安全保证，我只要上前线，在离开报社的时候，我已经将遗书写好，放在我的办公桌抽屉里，所以，在一位师部首长的安排下，终于要开始前线之旅。

1985 年 7 月在云南老山前线采访时留影

7 月 12 日凌晨 5 时，吉普车就带着我出发了，7 时多，快到前沿，吉普车无法再走了，下车，在一位小战士的陪同下，向前沿阵地进发。

我的装束：一顶钢盔、背心、短裤，肩膀上一边挎着一个水壶，一边挎着一个小包，包里放着我从朋友那借来的相机，一个空白笔记本，一支笔，一颗手雷。根据要求，我身上不能有说明我身份的东西，一颗手雷，叫"光荣弹"，前一天已经学习了使用方法，我被告知，这不是给敌人的，而是留给自己的，所以叫"光荣弹"，即如果有被俘的可能，自己必须“光荣”。这是纪律，我已经宣誓一定会遵守，那时我没有恐惧，只有激动。

战壕，像一条蜿蜒的巨蟒，在半山坡上往前延伸，战壕里，峋嶙的石头、水塘和泥泞的山土，还有蛇。左边，往上，是高山密林，右边，高度有的地方齐到胸口，更多的地方，高及肩膀甚至额头，壕沟外，有时是陡峭的山坡，有时就是绝壁。半走半爬了五六个小时，快下午一点半钟的时候，来到了这位小战士所在排的阵地，在一个猫耳洞里，见到一位几乎全裸的班长，见到我，他非常惊讶，也非常兴奋，他说阵地上还从来没有营级以上干部来过呢。他指着战壕的对面说，那就是鬼子了。我一看，对面有几十个人在来来回回的走动，还有几个女兵，目测距离大概两百米。班长说：现在没开战，双方有时还可以喊喊话，有时对方还会问起我们这边当地老乡的情况，因为他们本来就熟悉。我说我想爬到战壕上面拍一下对面越军阵地的情况，班长想了一会说：你必须在 3 秒之内拍完，10 秒之内必须钻进猫耳洞，因为对方有观察哨，如果看到你有照相机，他们会认为你是当官的，就一定会打枪放炮。我爬到战壕上面，找到适宜的位置后，举起相机，很快的拍了两张，就立即跳下战壕钻进猫耳洞，我还没停下来，就听得头顶上一声巨响，过了大概十几分钟，钻出猫耳洞一看，我站的地方，一个炮弹爆炸后的大坑，像是地狱的入口。

死神与我擦肩而过，我朝着那个还冒着青烟的弹坑沉默了几分钟，我的灵魂好像飞了起来，看到了麻栗坡烈士陵园那从低到高几乎排满一个山坡的烈士墓碑，又仿佛看到了家乡大街上阳光下逛街的人群，还有我办公室伏案工作的同事。我忽然就笑了笑，我知道我活着，我知道我会活着，于是我沿着壕沟寻找战士，继续我的采访。

采访几乎是和泪水汗水同步的。猫耳洞里，常常想起《十五的月亮》的歌声，战士们呵护着猫耳洞里的一朵野花，他们把一封家书看到看不清字，他们笑着包扎伤口却看着幼儿园小朋友寄来的卡片泪流满面……

从前沿刚刚回到军部，接到报社的电报：“接电速回”。

我的父亲母亲身体一直不好，我的儿子才出生 3 个多月，我不知道怎么回事，急忙赶到昆明(在前线无法与家里联系)，给报社打电话，报社领导说：“和你一起去的同志说前线可能要打大仗，说你不肯回来，我们不放心。”

老山18天，它使我永远不能忘怀，除了当时采写见报一组《来自老山前线的报道》稿件外，还有我内心情感的净化和升华，那些为国捐躯的人，那些流血流汗的祖国卫士，他们一直在对我说着怎样生活、怎样工作。而胜利归来的军人，有许多，变成了我的朋友。直至现在，他们战友聚会时，还常常喊我一块，饮酒高歌。

那硝烟弥漫的远方呵，不仅仅是地理位置上的遥远，还因为时间已经过去了39年的久远，更因为那枪炮声离我们现在和平幸福的生活远远、远远……

但是，不论是怎样的远方，都远不出我的记忆；而那弥漫的硝烟，更加不会遗忘！

（写于2024年春）

我的高考　我的大学

文/唐绪军

我的高考在1977年，与现在的高考不同，那是个冬季。算来已经是47年前的事了，但在我的记忆中那个初冬春意盎然。

那一年，因为是中断十年后的首次高考，报考者众多，各省普遍采取了初、复试制度。初试由各市组织，复试由省里统一安排。我所在的无锡市，把初试定在11月27日。那时，我是无锡市郊区峄嶂公社西林大队的一名"知青"。得知消息后，我去公社交了5毛钱报名费，拿到了准考证，准考证上注明的考试地点是市十九中224教室。

初试考完，自我感觉相当不好。数学不说了，下乡两年多基本没有做过数学题，临时抱佛脚是不会有多大成效的；但作文也没考好，深感遗憾。我现在还能回忆起考试当时那场景：该写作文时始终理不出个头绪来，眼看着时间一分一秒快耗尽了，心里急得发慌，手上的笔却干涩凝滞。在最后剩余的大概20分钟内，我不管不顾地信马由缰一通狂写，也不知道自己到底都写了些啥，反正写完后就到交卷的时间了。感觉不好归不好，我并不沮丧，因为那时已经知道了第二年还会有一次高考，大约在夏季。自己给自己打气：无非是再考一次呗。这点信心还是有的。

天可怜见，我居然通过了初试！复试通知是12月16日送到我们知青点的。当时，我正在城里一家电视机厂的金属材料仓库当工人，为生产队出力流汗挣劳务费。赶回知青点拿到复试通知的那一刻，我真有点起死回生的感觉。

复试通知上说，省统一考试定于12月23日至25日进行。也就是说，从接到通知到参加省考只有一周的准备时间。时隔40多年后我翻捡出了当年备考的资料，发现了自己写下的两张小纸条。

一张小纸条记载了这几天的复习计划:“17 日,作文,语文基础;18 日,历史,作文;19 日,地理,政治;20 日,数学,作文;21 日,数学,政治;22 日,总复习。”另一张小纸条上写了 12 个字:“稳中求稳,力争录取,确保体检。”可见,当时自己是非常在意这次复试的,并且把主要精力放在了锤炼作文上,以避免重蹈初试之覆辙。

那一年的高考是先填报志愿后考试的。我填报的志愿现在想起来都觉得可笑。三个志愿依次是:第一志愿复旦大学新闻系;第二志愿南京大学中文系;第三志愿复旦大学国际关系系!并且在“是否服从专业调剂”那一栏里填了“不”。真够牛的!那时,既没有老师指导,也没有家长点拨,完全凭着个人兴趣由着性子来,自己喜欢什么就报什么,也不知道填报志愿还得排个阶梯、分个档次。

其实,要说初衷,当年我最想报考的是中央五七艺术大学电影学校,也就是现在的北京电影学院,理想是当个电影导演或者编剧、摄影师。我曾写信去询问该校的招生情况,得到的回复是“我校今年决定不招收新学员”。多年以后,我把这封回信出示给我的朋友、北京电影学院主持工作的常务副院长胡智锋教授看,他大感惊讶,说:“没想到您与学校还有这份渊源!您要是来,那没准儿就没有张艺谋陈凯歌啦!”此是戏言。

与初试不同,复试后我的自我感觉相当好,尤其是接到了体检通知,更是信心满满,志在必得。体检通知是 1978 年 1 月 15 日收到的,通知上说:“你被录取为高校文科的预选对象,参加体检。”自己制定的最低目标算是达到了。但是,体检过后却陷入了漫长的等待。那些天,经常听说谁谁谁考取了哪个学校,谁谁谁接到了录取通知,而属于我的录取通知却迟迟不见踪影,心里五味杂陈。

2 月底,发放录取通知的高潮过去后,我就不得不面对现实,承认此次高考自己失败了。可是,恰在此时,无锡师范学校给我寄来了一份录取通知。那是个培养小学老师的中等师范专科学校,连大专都算不上。我那时心高气傲,填报的三个志愿都是国内顶级的高校和热门的专业,怎么能看得上这种学校呢?不去!肯定不去!

可父母亲不这么看,他们动员我接受这个结果。他们说,不管怎么样,凭着这份通知你马上就可以离开农村回城了,你能保证下次高考就一定能考上?我至今还记得那个晚上,父亲和母亲联合起来做我的思想工作,苦口婆心,掰开了揉碎了说，直到深夜。可我就是不愿意，死扛着。

后来的事实证明我扛对了。没过多久，传来消息说，77级要扩招了，我心中燃起了新的希望。大约4月初，南京师范学院的录取通知抵达了知青点，我被中文系新闻班录取了。拿到录取通知书时的那个高兴劲就甭提了。虽然距离我的志愿还有不小的差距，但毕竟是正规的大学，是我钟爱的专业。我猜想，我之所以会被录取，考试成绩达到了基本要求固然是前提条件，但很有可能我报的第一志愿起到了决定性的作用。现在想来，幸亏我没去无锡师范学校报到，要是去了，我这辈子的人生肯定将会是另外一番模样。

据后来官方公布的统计数据，1977年总共有570多万人参加了高考，录取了27.8万人，其中包括扩招的6.3万人，大学本科生的录取比率为4.1%。我就是那扩招的6.3万人中间的一个，是那4.1%的幸运者。

到南师报到是1978年4月8日，春暖花开的时节。报到后才知道，我们这个班是由江苏省委宣传部主导，新华日报社与南京师范学院联合举办的。根据合办计划，这个班学制4年，前两年由中文系负责文史基础课的教学，后两年由新华日报负责新闻专业课的教学。因此，我们班41个人就被分为4个小组，分别插进中文系已有的4个班级。我被分在新闻班的三组，头两年随中文系三班上课。

1980年实习时，唐绪军与指导老师、新华日报社政法处记者吴友松合影。

就这样，南师成为我的母校。据说，南师校园的所在地是清代散文家、美食家袁枚所建私家花园“随园”的遗址，因此“随园”也就成为南师的别号。在这座美丽的校园里，我度过了青春岁月最难忘的4年，留下了许多美好的记忆。比如,我现在的网名“唐太重”,甚至我女儿的小名“甜甜”,就孕育于这座校园。

我出生于无锡,但祖籍山东,身高一米八,标准的山东大汉。有天课间,我与三班同学王星旅、羊大全在中大楼门前闲聊,聊到体重,王星旅问我:“唐绪军,你体重多少?”我答:“180 斤。”羊大全突然来了句:“整个一个‘唐太重’呀!”我们仨顿时都哈哈大笑了起来。事后我觉得“唐太重”这个称谓甚好,既形象又有趣,还符合我的特点,后来使用互联网时就干脆把它用作我的网名,一直沿用至今,以至于在有些场合“唐太重”的名声远大于“唐绪军”。

而“甜甜”这个名字,则来源于南师图书馆的期刊室。有天我去借过刊,递上借条后就边翻看架子上的新刊边等待。未几,听到叫声:“甜同学,甜同学,过来取刊。”我以为是叫别的同学,未予理睬。没想到,那老师提高了音量又叫:“唐绪军同学,来取刊。”我立马颠颠地跑了过去。到柜台前,那位女老师嗔怪地问:“叫你,你为什么不答应?”我一脸无辜地说:“这不立即就来了嘛。”她又问:“我叫甜同学,你怎么不搭理我?”我更懵了,我说:“我姓唐,不姓田。”她说:“糖不是甜的吗?”她一边说,一边自顾自地咯咯咯地笑着。我这才反应过来,原来老师在跟我开玩笑,也就跟着她一起笑了起来。当时我就想,以后我要是有了个闺女,一定让她叫“甜甜”。

随园 4 年,趣事很多,但比趣事更重要的是,在这里我打下了自己人生的底色。

77 级大学生正赶上思想解放的大潮,加之沉寂多年后重上讲台的老师们个个激情昂扬倾囊传授,我们得以看到一个更大更新的世界,得以在知识的海洋里恣意畅游,在思想的天空中自由翱翔。许多习以为常的成见被无情颠覆,大量闻所未闻的新知被源源吸收,从而形成了我们新的世界观,铸就了我们新的价值观,也涵养了我们新的人生观。对于像我这样的 77 级中的小字辈,老师们的传道授业解惑固然重要,但“老杆子”同学们的榜样激励和智慧点拨,也是我们不可多得的成长阶梯和攀登扶手。

77 级同学的年龄差距恐怕是前无古人后无来者的独特的历史现象。入学时,年长的已经三十多岁了,年幼的也就十七八,以属相论相差一轮还多。就拿我们同屋 8 个人来说,30 岁属鼠的 6 人,20 岁属狗的 1 人,19 岁属猪的 1 人。我就是那个属猪的。尽管入学前我当“知青”也有两年多了，但与几位老三届的同学相比，无论是在学识方面，还是在阅历方面，我都相形见绌，稚嫩得很。

记得报到那天，当我拖着行李进入寝室时，第一眼看见的就是桌上摊开的一本巨型辞典。说它巨型，是因为以前只在图书馆里见到过，未曾见到哪个个人自己拥有过。一打听，原来这本《俄汉大辞典》属于一位叫许海燕的同学。心里不禁对之先有了几分敬意。及至相见，才知道，这位名字有点阴柔的同屋，竟然是一位长着络腮胡子的“半大老头”。

傍晚，来一人把“半大老头”叫出，两人在窗外叽里哇啦说得热乎，可我却一句也没听懂。当时，心头不由一惊：乖乖，这“半大老头”外语那么好？平常说话都用外语？不禁肃然起敬。想想自己的那点英语水平，简直无地自容。后来才知道，那天他俩说的并不是什么外语，而是地道的南通家乡话。可见，我当时的见识是多么浅薄。

不过，许海燕翻译俄文著作那可是实打实的。4年里，除了上课以外，他都趴在桌子前翻呀，写呀，那执着劲儿，不由得你不佩服。熟了以后，我才了解到，在那动乱的年代里，这位六七届高中生(我们同屋都尊称他为“老海燕”)当了“逍遥派”，别人去串连、武斗，他躲在家里学俄语、学英语，还大量阅读能够找到的各种中外文学、历史和哲学书籍，立志要当一名翻译家。入学前他已经翻译完成了好几本俄语书，只是都还没能出版，以手稿的形式存着。

我们聊起过学外语的事。老海燕说：“学外语没那么容易，听说读写没有十年的功夫别想成事。”十年？那时在我看来是多么遥远。可现在，算是过来人了，回过头去想想，老海燕说的一点都不夸张。毕业后，老海燕留校当了老师，他那些积存的手稿陆续出版成书，他自己也成为国内著名的外国文学教授。此是后话。

老海燕有个好习惯，他翻译的手稿都是把散页的稿纸装订起来用的，有的还加上个封面，一叠一叠地摞起来就像一函函线装书一样，规规整整。我觉得这个办法很好，就有样学样，也把自己的稿纸装订起来用，直到我写硕士论文都是这样做的。后来，电脑取代了纸笔，我才放弃了这种做法。

稿纸装订起来不难，难的是往里面写什么东西。为了缩小与这些“老杆子”同学们的差距，我可是使出了吃奶的劲。早上早早起床去小树林里读英语，晚饭后赶紧去教室占座位读书做作业。但是，教室晚上是要锁门的，寝室也是要按时熄灯的，怎么办？

幸运的是，“老杆子”薛和向我伸出了援手。薛和当过三班班长，后来又担任了中文系学生会主席。系学生会在中大楼厕所旁边的楼梯间有个办公室，白天人来人往有公务，晚上就闲着了。薛和看我这个“小杆子”夜猫子一个，就把办公室的钥匙给了我。

晚上10点教室锁门后，我就独享了那个空间，我把它称作“我的知识港湾”。在那里，我熬过许多个夜晚，做了无数张英语小卡片，读了无数本中外名著，也写下了数叠读书笔记和各种习作。那时候，我的学习状况用起早贪黑、夜以继日来形容一点都不过分。那是一段怀揣理想、青春勃发、激情燃烧的岁月。

也就是在那个私密的知识港湾里，不知道从哪本书上我读到了8个字：“只问耕耘，莫问收获。”细细琢磨，觉得这8个字讲得很有道理，就把它抄写在我常用的一本英汉词典的扉页上，底下打了个破折号，破折号后面署上了说这句话的人名：曾文正公。

这一招也是学的老海燕。老海燕那本《俄汉大辞典》的扉页上，就用俄语写着托尔斯泰《战争与和平》中的一句话：“有生命，就有幸福。”有一天，姚大鋆同学看到了我抄写的那8个字，问我：“你知道曾文正公是谁吗？”我如实相告，不知道。他说：“曾文正公就是曾国藩唉！”

姚大鋆也是个“老杆子”，我的同屋，常熟人氏，跟清末帝师翁同龢是同乡，大我11岁，入学前当过多年中学老师，教过英语，教过语文，中英文学养都很深厚，还写得一手好字。也许是沐浴着虞山的儒风雅雨长大，他待人处事从来都是彬彬有礼温文尔雅，见生人必定先鞠躬，接受点帮助一定说谢谢，从未见到他与谁起过争执。

虽然他是我的同学，但在我的心目中他更像是我的老师。但凡我有什么问题问他，无论古今中外，他都会给我一个满意的答复，常常让我有醍醐灌顶、茅塞顿开之感。偶尔也有他不知道的，他一定会说：“这我不清楚哎，要查查了。”过几天，他会找我：“小唐，这件事嘛，是这样的……”我读的第一本英文原版小说就是从他那儿借来的《鲁滨逊飘流记》。

当姚大鋆说曾文正公就是曾国藩时，着实把我吓了一大跳。在我所受到的教育中,曾国藩可是双手沾满太平天国起义军鲜血的刽子手。我赶紧把“曾文正公”几个字给涂抹掉了。

40年后,当我作为中国社会科学院大学新闻传播学院院长,代表老师们在中国社会科学院大学2020年开学典礼暨科教融合学院成立大会上发言时,我给同学们讲了这个故事。

我说:“现在说起来好像是个笑话,也暴露了我历史知识的浅薄,但那是一个时代的烙印。好在现在我们已经不必惧怕读谁的书了。尽管对曾国藩的评价仍然众说纷纭,有赞有弹,但是我觉得他所说的这句话对立志做学问的人来说,是极具启发意义的。‘收获’是‘耕耘’的结果,如果你一心只想着尽早收获,你就有可能不顾农时,不择手段,拔苗助长,你的收获肯定是靠不住的。只有顺时应季,老老实实从头做起、从点滴做起,深耕、播种、除草、施肥……一步一步地去做,尽管费时费力,但最终的收获一定是可以期待的。”

这是我在母校悟到的做事之道,也成了我一辈子遵循的人生准则。毕业后,我被分配到徐州地区的铜山县报,但在徐州地委组织部转关系时被地委宣传部截留了。在徐州地委宣传部工作两年后(后一年因地市合并,我被抽调至徐州日报社工作),我考入了中国社会科学院研究生院新闻系。毕业后留在中国社会科学院新闻研究所从事研究工作,从实习研究员、助理研究员、副研究员到研究员,从研究室副主任、副所长到所长,一步一个脚印走来,一干就是35年,直至2022年3月退休。

2023年重返随园

我承担的第一个国家社科基金课题形成的专著《报业经济与报业经营》,获得第四届吴玉章人文社会科学优秀奖(2002 年),被南京大学中国社会科学研究评价中心遴选为“中文学术图书引文索引”新闻学与传播学 97 部核心著作之一(2017 年)。

我接任学术期刊《新闻与传播研究》主编后,对刊物进行了一番全面彻底的改革,从零开始建立起了匿名评审制度。在我任期内该刊连续两届(2015 年和 2017 年)荣列全国“百强报刊”,现已成为国内各大评价体系中新闻传播学科名列前茅的权威期刊。

由我担任主编的年度蓝皮书《中国新媒体发展报告》连续 10 年(2013—2022 年)荣获中国社会科学院优秀皮书一等奖。

此外,我还作为主编、主持了 3 种国家级基础性工具书的编撰:《中国大百科全书》第三版新闻学卷,《中华科学技术大辞典》第十一卷人文社会科学分卷,《新闻学与传播学名词》。自 2014 年起,我连续 10 年受聘担任“中国新闻奖”审核委员会主任。

可以说,我为中国新闻事业和新闻传播学的发展作出了一点贡献。

今天,岁至暮年,回望来路,仔细思量,我这一辈子的所作所为大抵都可以追溯到我的高考,我的大学。

(初稿于 2018 年,改于 2024 年)

四年，怎一个谢字了得

文/刘　莊

四年大学，四十年相识，一路走来，大半生已过，并不想回首，因为过得很从容，选择了自己想要的生活，虽然历经披荆斩棘，如今早已云淡风轻。但是四十年后的聚会，却绕不开回首往事。我常说，过去的都是梦，未来的都是迷。四年大学，青春一梦，旧梦重温，想说的就一个谢字。

初入南师留影

谢谢我的父母，在那个经济匮乏的年代，竭尽所能，给予我最大的经济支持，让我一直过着体面的生活，可以在买书、买衣、买日用品后还能够自由选择校园食堂的菜肴，每周日还能去校园门口的小餐馆点一个我最爱吃的糖醋排骨打打牙祭。这种经济支持影响了我的一生，让我成为一个不贪小利、不屑小惠、乐于助人、乐于分享的人。

谢谢我的老师，在我并不太懂得珍惜学习机会的年龄里，不厌其烦，竭尽全力教导我，让我在四年的大学时代，最大限度地汲取知识，储备能量，成为一个懂理明志、对社会有用的人。

谢谢我的同学，在我远离家乡、远离父母的孤单岁月里，倾其所有地给予我帮助和关爱，让我知道了什么是温暖，什么是友情。这些温暖、这些友情让我成为一个懂得感恩、懂得珍惜的人。

在北京人民大会堂采访时任全国人大常委会副委员长盛华仁（右一）

当然，我也谢谢那些曾经有意或者无意伤害过我的人，或许正是那些伤害，让我学会了坚强，学会了宽容，学会了善良，懂得了“己所不欲，勿施于人”的道理，并将其作为终生的做人底线。

为通讯员讲课

四年，受教历练，我带着正确的三观进入社会；

四年，学习积累，我带着扎实的技能履职尽责。

如今，大半生已过，退休赋闲，享受人生的黄金晚年。

回首那如梦的四年，怎一个谢字了得！

（写于2018年2月）

我们四组

期间，四组同学合影。
排从左至右：过耀华、
、陶达、杨培江、陈
后排从左至右：王楠、
鸣、许松铭、许海燕、
达。

一个“土记者”的机缘

文/瞿进达

1966年,我高中毕业后,经过“文革”中大串联,于1968年10月在常熟县古里公社东升大队插队落户。我先是务农3年,接着到社办厂水泥车间做工2年,其间数次被“借”到公社写报道、经验交流材料甚至工作报告等,于1973年提拔为扫盲业余教育辅导员,兼公社通讯报道组组长,属于中学民办教师编制。

兼职通讯报道,让我初识新闻。当时,公社和大队都有通讯报道组,通讯报道员被称作“土记者”,大都由插队青年担任。每逢农忙,公社有自办节目,天还没亮,挂在村头的广播喇叭就响了,宣传抓革命、促生产,表扬好人好事,稿件就是“土记者”写的。我的任务是发动和组织写稿,编辑好稿件,提交给公社广播站。其中自以为写得好的、有典型事例的,要向县广嶓站发稿。如果县广播里几天没听到本公社的消息,领导就要来问责。有一次,稿件被省广播电台录用了,我乐得手舞足蹈,可惜领导没听见,好在有凭证,省电台寄来了“卡片”和奖励的笔记本。还有一次,《新华日报》刊登了我的一块“豆腐干”文章,我高兴得一夜没睡着。我想,“土记者”难登大雅之堂 ,什么时候能在省报上发表一篇像样的文章呢?至于上大学、读新闻专业,那是连做梦也想不到的。

机缘来自恢复高考,省委宣传部、新华日报社与南师大联合开设新闻班,让我这个“土记者”真正跨入神圣的新闻殿堂。就像在军营中接受严格训练、锤炼军事素质那样,通过南师大、新华日报社老师的传道、授业、解惑,我不仅夯实了汉语言文学的基础,而且初步掌握了新闻学理论,提高了采访与写作能力。四年大学生涯,难忘新华日报社派来王寄忠、支德裕、薛恒淦三位老师,跟班辅导,给予无微不至的关怀;难忘两次实习,我在新华日报社驻苏州、徐州两地记者站老师的指导下,理论联系实际,采写并发表了多篇消息与通讯,圆了我在省报上刊登大篇幅文章的梦;难忘班长周世康以身作则、树立典范,团结大家同舟共济、学海扬帆,这深情厚谊延续至今。

南师校园留影

彷徨的心路,险些让我丢弃机会、失却缘分。我是个大龄生,在农村结婚,已有一对儿女。读完大二时,教育部发文,凡师范院校的大龄生,本科可改读专科,立即回乡工作。我向学院提交了申请,获得批准,准备打点行李。怀着留恋的、依依不舍的心情,我去新闻班听"最后的一课",讲课的老师是原新华日报社副总编王霞林。下课了,忽听得王老师说:"瞿进达,请留步。"他恳切地、语重心长地对我说:"进入新闻班不容易呀!四十个同学,一个也不能少。学院同意你改读专科,但新华日报社不同意。希望你克服困难,完成学业。"我被他的真诚深深地感动了,唯有连连点头。就这样,我坚持读完了新闻本科,后被分配到新华日报社农村处工作。本来,我已安下心,且踌躇满志,正准备参加《淮河纪行》的采写。又是教育部发文,凡民办教师考取师范大学的,毕业后必须回到教育岗位,工龄连续计算,否则工龄清零,且不能直接定级。这一消息对我来说无疑是当头一棒,我心再起波澜,思量后申请调动回常熟。原省委宣传部副部长、新华日报总编辑樊发源竟是那样通情达理,他说:"这十年工龄,谁来补偿他呢?让他回去吧!今后有机会,可在基层新闻单位工作。"于是,我第二次拿到了大学生毕业分配通知书,回常熟县教育局报到。

新闻,是我难解的情结,也是拆不开的缘分。1983 年,我回到教育岗位仅半年,就奉命调往县委办公室。正在此时,常熟撤县建市,上级发文要求常熟恢复市报。市委宣传部据理力争,说常熟唯一的新闻本科生,理所当然要到报社工作,这让我喜出望外。那年,我一方面负责培训市报社招收的“新兵”,一方面承担了编写《常熟市志》报刊史的任务。自 1984 年《常熟市报》复刊,以后改为日报,我始终坚守在基层新闻岗位上,直至退休。其间,市委办公室、宣传部和市政协要把我调去,总编不好推辞,就由我自己出面婉言谢绝。

我是幸运的,短暂离开新闻岗位后又很快回归。我非常珍惜并热爱这个岗位,并时时给自己敲警钟:我是南师大新闻班毕业的,在新华日报工作过,若不能为母校和新闻班争光,也决不让母校和新闻班蒙羞。所以,我怀着爱国、爱乡、爱岗之心,发扬踏实、细致、勤奋的作风,把采访的过程作为调查研究的过程和向群众学习的过程。通过深入基层,联系群众,我发现大量鲜活的新闻题材,采写出一批导向正确、内涵丰富、读者喜爱的报道。我曾奔赴内蒙古大草原,慰问常熟籍子弟兵,住在军营,与战士交朋友,写出长篇通讯《驰骋在草原上》;曾到荆江抗洪第一线采访,感受解放军战士的英勇壮举和灾区人民顾全大局的高尚情操,写出长篇通讯《英雄本色在涛头》。这些报道,向父老乡亲介绍了常熟籍子弟兵扎根边防和诞生在常熟的英雄部队的事迹。我采写的《走进沙家浜——阳澄湖畔鱼水情》,以整版篇幅在《中国国防报》刊登。1997 年,通过市民投票选举,我被评为“常熟市情系国防十佳人物”。盘点我的新闻作品,在省级以上各类新闻评比中获奖达 50 多篇次,其中江苏省报纸好新闻二等奖 3 篇、三等奖 4 篇;全国法制好新闻一等奖 1 篇;江苏省法制好新闻一等奖 1 篇;全国县市报好新闻一等奖 3 篇;江苏省县市报好新闻一等奖 3 篇。

在宣传报道党的中心工作和市委、市政府重大活动中,我以高度的政治责任感采写新闻,撰写评论员文章,并负责编辑政文版新闻。“法制天地”“公安特刊”“教育特刊”“党风廉政建设”等栏目,虽然版面多、工作量大,但我尽心尽责,从不马虎,“一个人顶两个人干”。在编辑过程中,我认真修改来稿,再三推敲标题,尽最大努力减少差错,也从未发生较大的差错。凡有传媒学院大学生来实习,领导均指定我带;每年向通讯员授课,大都由我承担。我只是在本职岗位上尽力而为,但党和人民给了我许多荣誉,先后被评为“江苏省优秀新闻工作者”“法制新闻文艺先进工作者”,“苏州市优秀新闻工作者”“十佳编辑”,“苏州市和常熟市劳动模范”,常熟市“九五”期间“十佳专业技术人才”、“优秀公仆”等,连续两届当选苏州市人大代表,连续两届荐任常熟市政协委员常委。

机缘这个词,原是佛教用语,指众生信受佛法的根基和因缘,广义解释为机会和缘分。佛世尊“随其器量”教化众生,而众生也要“善应机缘”。给了你机会,有没有缘分,还受多方面因素的制约。我是一个从田埂上走来的“土记者”,借1977年恢复高考的机会,有幸被南师新闻班录取。其间我有过彷徨和波折,如果没有领导和老师的教化,可能早就失去新闻缘分。而我最终坚持下来,没有脱离新闻岗位,且在基层学以致用,这也是“善应机缘”吧?更为可喜的是,我的子女也分别与南师大和新闻工作结缘。1990年,在我的鼓励下,女儿考取南师大数学系计算机应用专业,毕业后,一直在常熟市教育局工作。我的儿子也到南京读书,学的也是计算机应用专业,毕业后在常熟日报社印刷厂工作。他通过自学考试,取得新闻大专、中文本科学历和文学士学位,后调入编辑部当记者,现在担任要闻版编辑。朋友打趣说,我干过的活,分别由子女接班了。

(写于2022年)

一道试题内容的“时空穿越”

文/瞿进达

1982年初,四年大学生活即将终结。为检验同学们对新闻理论的把握和编辑业务水平,南师新闻班进行了一次毕业考试,其中一道题给我留下深刻印象。试题中援引了一则新华社电讯:一名屡遭不幸、不再留恋人生的日本妇女,偶然阅读了一则中国民间故事《灯花》,从中得到启迪,放弃了轻生的念头。她振作起来,终于获得爱情,且在事业上取得成功。为了表达感激之情,她向中国驻日大使馆申请访华,获得批准。电讯的导语中设置了悬念:这名日本妇女刚下飞机,就跪下亲吻中国的土地,接下来文中展开的内容揭示了她访华的原因。

辅导青年记者

试题要求很简单,为这则新闻拟标题。我自作聪明,本想来个“纤云弄巧”,把灯花两字拆用在主标中,配上副题加以说明,主标为:人生指路灯 中日友谊花;副题为:读《灯花》获新生的日本妇女来华访问。后来,新华日报资深编辑左克在《新闻通讯》上撰文《四十个同学,四十个标题》,对 40 个同学制作的标题逐一评点。没想到,我拟的标题弄巧成拙,他对其评语是“主标太虚了,不看副题不明新闻内容。”而周跃敏拟的标题“中国民间故事救活一名日本妇女”备受推崇,竟与《解放军报》的标题不谋而合。

踏上工作岗位后,我对其它考试内容都忘了,唯独这则试题却深深印在脑海里。中国民间故事《灯花》太神了,教化功能太强了,竟挽救了一名日本妇女。《灯花》的具体内容是什么,新闻中并未提及,这激起了我的好奇心。我先到图书馆查阅未果,又向民间文艺爱好者询问,他们也不知情。好在网络时代来了,我终于通过百度看到原文。

这是一则苗族民间故事 ,收录在肖根牛整理的民间故事集中。单身汉都林是个勤劳的人。他白天耕作,汗水滴落在石窝中,开出一朵百合花,捧回去种在石臼中;晚上他在茶油灯下编竹箩筐,忽然听到百合花唱歌,看到灯蕊中绽开了大红花,走出一位穿白裙子的姑娘来,而百合花不见了。姑娘与都林结为夫妻,男耕女织,两年后盖起砖瓦房,粮食堆满仓。勤劳致富后,都林懒惰了,抽大烟,养画眉,还不听妻子劝告。晚上,灯花中飞出一只孔雀,驮着姑娘飞进月宫。妻子留下一幅刺绣《丰收乐》,都林看到后痛改前非,他折断烟杆,放走画眉,踏碎鸟笼,又开始白天辛勤耕耘,晚上在茶油灯下编竹箩筐。奇迹发生了,灯芯花开二度,穿白裙子的姑娘回来了。从此,都林真正过上了幸福美满的日子。

《灯花》里的故事是虚构的,而现实生活往往更精彩。我曾经采写的一篇新闻,其内容与毕业考试中那道题的内容何其相似!

二十一世纪八十年代,常熟与日本绫部、川内分别缔结友好城市。从此,这两个市就像派“遣唐使”那样,多次组织“修学团”来常熟进行文化交流。1991 年来访的第十六次日本中学生修学旅行团中,有两名特殊的少女——双目失明的平田香织和手脚残疾的西野由香。她俩郁郁寡欢,对生活缺乏信心。正是这个原因,家长让她们到中国这个神奇的地方来,希望她们像阅读《灯花》

那样能得到启迪。

国旅常熟支社了解这一情况后，特意安排她们到社会福利院参观。在那里，由政府收养的百余名残疾儿童向命运挑战，顽强地学习、生活着。失去双手的常欢，从 6 岁开始苦练足书 。她的书法作品 1988 年在第七届残疾儿童国际大奖赛中获奖，1990 年为北京亚运村收藏。那天，常欢表演了足书，写了“天涯若比邻，姐妹共兄弟”和“友谊长存”送给日本学生。当时，平田香织和西野由香激动不已，从中看到了生命的价值、生活的希望。回国后，她们由消沉变得坚强，写了访华日记向同学介绍常欢自强不息的事迹，决心像常欢那样发奋努力。1992 年，第十七次日本中学生修学旅行团来常熟，两名残疾少女托团长将她们精心装帧的日记本送给常欢。我以此为题材，模仿毕业考试中那道试题里电讯稿的倒叙手法，写下新闻稿《常欢足书传友谊，匡救东瀛残疾女》，并获 1992 年度中国县市报好新闻二等奖。

大学毕业考试中一道试题的内容跳出时空束缚，仿佛进行了一次“穿越”。记者写了中国民间故事感动日本妇女的一则新闻，老师把它搬到试卷上。当年解答试卷的学生成为记者，竟在现实生活中奇迹般地采访到了与那道试题内容相似的事情，并也写了一则感人的新闻。一道试题内容的“时空穿越”，将自己大学时代的一次考试和新闻生涯的一次采访串联起来，这样的奇特经历令我永远难忘！

（写于 2023 年）

抗洪一线访亲人

文/瞿进达

我年轻时想当兵，未能如愿。从事新闻工作后，也许想与兵“沾亲带故”，便喜欢到部队采访。早在20世纪80年代，我就到虞山之巅采访空军某部雷达兵，到长江之滨采访东海舰队海军战士。每年慰问驻军部队，要派记者去，我总是抢在前面。在常熟创建全国双拥模范城的日子里，我随市领导去过南京军区、省军区、苏州军分区和第一集团军，采写拥军新闻稿，还穿越内蒙古大草原，到中蒙边境采访常熟籍战士，写出长篇通讯。然而，令我印象最深的一次是：随市领导到湖北省石首市，慰问战斗在抗洪一线的“沙家浜连”。

1998年8月下旬，在中央人民广播电台新闻节目中，常熟人民惊喜地看到“沙家浜连”的旗帜飘扬在荆江大堤上。市委、市政府通过多方联系，证实这是一支由阳澄湖畔芦荡火种发展起来的部队，于是组团赴湖北省石首市慰问子弟兵，我随团前往采访。8月31日，明媚的阳光普照荆江，“沙家浜连”战士集结在他们守卫的长江边，欢迎远道而来的客人，齐声高唱《你是游击兵团》之歌：“阳澄湖畔，虞山之麓，三九的严冬，三十六个伤病员，高举着共产党的旗帜，在暗影笼罩的鱼米之乡，为人民流着血啊流着汗……你的威名震撼了江南，你的钢刀刺破了敌人的心房……”激越的歌声与长江涛声相应和，展现了当年抗日烽火中的刀光剑影，军民并肩战斗、共赴国难的情景。在采访中，我被每一个人、每一件事深深感动着。8月2日凌晨，“沙家浜连”接到赴鄂抗洪抢险的命令，星夜出发。排长周敏8月1日结婚，深夜刚刚送走闹洞房的亲友，就告别新娘出征。战士朱忠华患鼻咽癌，动了手术在家休息，硬要归队重返战场，由父亲陪着，一路寻访部队到石首市，加入抗洪的行列。他们一次次用血肉之躯阻挡施虐的洪水，筑起坚不可摧的钢铁长城，“十八勇士堵管涌”的故事就是生动写照。管涌，是在堤岸深处出现的窟窿,要跳入长江潜水堵漏。8 月 9 日,当江堤发生多处管涌险情时,有 18 名指战员冒着生命危险,跳入长江中寻探管口,然后肩扛沙袋,手拉油布,再下潜到 4 米多深的水中,用油布盖住管口,用沙袋压住油布。同时,全体官兵紧急运土,昼夜鏖战,把管涌处填实,终于加固了大堤。这 18 勇士,多像京剧《沙家浜》舞台上顶天立地的 18 名新四军战士啊! 回常后,我含泪写了长篇通讯《英雄本色在涛头》。翌年 4 月,被中央军委表彰为"抗洪抢险英雄连"的"沙家浜连"来常熟寻根探亲,我又一次采访了这支部队。一等功臣、"沙家浜连"第 27 任连长李学洪下车后一路小跑,奔向芦苇荡,双手揽过一捧芦叶,闻了又闻。在革命传统教育馆,他注视着夏光的照片,激动地说:刚入伍,在接受军史教育时,了解到自己的部队是在阳澄湖畔诞生的,第一任连长是夏光。这次寻根,夏老专门来电嘱咐,要牢记常熟人民的养育之恩,发扬鱼水情深的好传统,把新时期部队建设做得更好。为子弟兵热爱常熟"第二故乡"真挚感情所打动,我又写了《思念亲人六十载,阳澄湖畔喜相逢》和通讯《"郭建光"重访沙家浜》

从此,我在退休前与"沙家浜连"保持书信联系,及时报道部队建设新成就 ,向常熟人民报告喜讯。记得 2004 年"八一"前,接到驻豫某部"沙家浜连"通讯员来稿,得知这支英雄部队再获殊荣,被总政表彰为全军先进基层党支部。我怀着对解放军的崇敬和热爱,在记者生涯中写了一些文章,讴歌解放军,讴歌军民鱼水情,其实做得很不够,而市委、市政府给了我较高的荣誉,先后评为常熟市双拥先进个人和常熟市情系国防十佳人物,至今感到心中有愧。

(写于 2004 年)

春天里的回唱

——献给新时代春天的相聚

文/过耀华

天地有节，四季轮回，春华、秋实、夏荷、冬梅。在我70多年的生命经历中，春暖花开时节总会带来好运。我最喜欢春天。今年南师77级新闻班的同学又约定在春天里相聚，让我心生喜悦。

春天的阳光透过窗纱，和我一起回唱，那些镌刻在我心灵深处的美好日子，难忘的同学和老师，便在眼前鲜活起来，跃动起来……

第一回唱“春之歌”

时光向前推移76年的初春，在解放大军的隆隆炮声中我哇哇出生，父母大喜，取名“耀华”，寄托着他们对新生命的深深期盼。记得在上小学的时候，每天早晨我跟着哥哥姐姐起床，装模作样地挤在写字桌上，又涂又划做“作业”。小学毕业顺利考入重点中学无锡市一中。我喜欢作文，初三时参加全校“五四作文比赛”，以一篇千字短文，颂扬赵家楼反帝反封建的青春之火，直抒有志青年的家国情怀，获得初中组第一名。我也喜欢玩科技，参加无线电兴趣小组，实验短波发射接收仪；参加市青少年航模组，制作三级滑翔机参加省比赛。三年初中读完，我志愿报考无线电中专。中考作文时，也许是动了真感情，一篇学习董加耕的文章写得激情飞扬，拿到98.5的高分，阅卷老师说这是全市第一，结果优先被母校“抢走”。

念高中的时候，我当选校学生会副主席兼宣传部长，负责校广播和板报主编。我参加校篮球队、排球队，还在运河边上垦出一块“实验小农场”，每天忙碌着并快乐着。

可是，好景不长，一场“文革”如乌云压城，席卷而来。正当和同学们一起响应号召"闹革命"的时候,我这个学生会"宣传部长",跟着北京一个叫"阎王殿"的大官被打翻在地,罪名是"在校广播台放《二泉映月》,在校板报上鼓吹封资修,毒害青少年"。拳打脚踢之下,我摸摸眼角的血迹,只觉得天空一片灰暗,但我没有倒下……

"干革命"的资格就如此这般地被剥夺了。也好,"老人家挥手我前进",我索性打起铺盖来到祖籍老家,接受贫下中农再教育。罱河泥,踏水车,莳秧田。足蒸暑土气,背灼炎天光,着实出大力流大汗,脱胎换骨了一番。晚上我一头钻进书堆里,放飞自由,上下求索……

我坚信,几片乌云终究遮不住共和国的朗朗天空。功夫不负苦心人,70 年代初,我应召进入无线电专用设备厂,迈进了工人阶级队伍。凭着自学的电子技术,先后参加了"军用硅 2W 步话机"和"超声油分浓度仪"的研制;还参与创办了全日制的厂技工学校,自己编撰刻写《无线电入门》讲义,向学生教授晶体管电路基础知识,为工厂培养了一批技术员工。我决心在工人阶级队伍里践行我"技术报国"的朴实愿望。

1977 年冬,一声春雷伴着寒梅报春而来。一位老人用历史巨笔挥写出《春天的故事》第一乐章:全国恢复高考!经过全市的初考和全省统考,在作文《苦战》的生动旋律中,我接受了祖国的挑选,成为"文革"后恢复高考的第一届大学生。喜讯传到工厂,厂领导上门道喜祝贺。厂长激动地宣布,嘉奖提升一级工资,享受调干生带薪上学待遇。家乡父老的关爱鼓励,激发了我不竭的进取动力和报效国家的坚定志向。

第二回唱"南师颂"

迎着春天的阳光,我来到六朝古都南京,在南师开始了攻读新闻专业的学习生活。学员们来自五湖四海,工农兵学商齐集,年龄最大相差十来岁,有的单身一人,有的拖儿带女;有的老成持重,有的活泼机灵。大家都是从千军万马中杀出重围的天之骄子,非常珍惜来之不易的读书机会。大家在学习上,刻苦与探索并进;在修身上,铁血和君伦兼备。在这样的一个优秀集体里,我担任了两年班长,有新华日报支、薛两位辅导老师的呵护,干得也算得心应手。新闻班团结自律的优良班风,是对我的褒彰,也是一种鞭策。在南师的中文系,77 新闻班确实有一种值得自信的优越感。

这四年，我们促膝并肩，同窗共读，意气风发。这四年我们谈古论今，修身致远。这四年我们插上了矫健的翅膀，练就了坚直的脊梁。

曾记得，当时学生宿舍的条件有限，八条汉子挤在一间。空气难免浑浊，所以晚上都是开窗的。南京的冬天怪冷，有一天北风呼呼，晚上竟下起鹅毛大雪，纷纷飘进屋来。我早早地被冻醒，看到窗口桌上已是寸厚的积雪，想着那临窗的同学怕是冻着了。翻身下床，走近一看，分明他们额前的头发已挂着白霜。我急着喊道："呀，冻着了，赶紧关窗。"只听他们笑着回答："雪花飘，空气好。"于是，整个冬天那窗没有关过，大家丝毫不惧怕风雪的历练，真正的寒窗苦读啊！

曾记得，第二年夏天的一个傍晚，同学们相约去石头城。那是一处战国时期的遗址，依山而筑，扼江而守，峭壁千仞，逶迤雄峙。大家登高远眺，顿觉"望天低吴楚，眼空无物"，感叹"一江南北，消磨多少豪杰"！同学们诗兴大发，你出上联，他对下联，一脸的书生意气，满腔的壮怀激烈。这时，淮水东边的月亮已升起，近得似乎伸手可及。我轻声吟出四句："石城立江边，飞耸入九天。登高可揽月，天上共人间。"同学们畅意的笑声惊起了林中飞鸟，随着松风飘得很远。那一晚，我枕着月光，睡得很美。

曾记得，那年《光明日报》发表了特约评论员文章《实践是检验真理的唯一标准》，一场关乎国家前途和命运的大讨论震动全国，也激起我心中阵阵波澜。这篇文章的主要作者是南京大学哲学系教师胡福明。胡福明是无锡人，巧的是他大学读的也是新闻专业。老乡遇老乡，相见话衷肠。我常常跑去南大向他请教哲学，评时论政，深聆教诲。他对我说："我们无锡东林书院有副名联，'风声雨声读书声声声入耳，家事国事天下事事事关心'。一个知识分子的使命，就是要有风骨和担当，探索真理，直言敢谏，敢说真话。你们将来做新闻记者，一定不能丢掉实事求是这个灵魂。"这位改革开放的思想先驱，令人敬仰。他理论联系实际的品格和敢于说真话的勇气，给了我深深的教育和感动，我迟疑的双眼里多了些许智慧的目光。他曾笑称："我收了个无锡老乡做编外研究生。"

一篇文章改写了一段历史，真理的力量突破了哲学研究的范畴，为人民所掌握，将迸发出推动社会前进的巨大能量。"实事求是"像一束量子射线，直击心扉，让我悟到了世间天机，人也似乎长大了，成熟了。四年新闻班的学习是我成长进步的重要阶梯，归结到一点，就是学懂了四个字："实事求是"。

转眼间毕业季到了。同学中有的分配去省报，有的上北京，也有的回老家。我也想回无锡，没料想我被派去省委宣传部报到。大家都在整理行装，宿舍里一片忙碌，也有些狼藉。毕业了，分别就在眼前，谁舍得呢！我提议舍友们聚个"螃蟹宴"，大家热烈响应。那时最肥美的螃蟹一块钱一斤。十几个同学围坐在宿舍里，盛满祝福的酒杯频频高举，兴奋的激情洋溢在脸上……酒过三巡，离愁伴着酒香涌入心房，一个同学哼了一句"送战友，踏征程"，几乎同时大家都扯起了嗓子，"亲爱的弟兄，当心夜半北风寒，一路多保重。待到春风传佳讯，我们再相逢。"止不住的泪水夺眶而出，深情的歌声在校园里久久回荡。这一夜，我辗转反侧，难以入眠。

天才也许是天生的，但优秀的人才是要靠培养教育而成长的。省委宣传部、新华日报社与南师高瞻远瞩、当机立断扩招77级新闻班，在拨乱反正的年代为国家培养出一批新闻战线的栋梁之材，必将名垂南师教育之史册。

第三回唱"金陵曲"

人生的轨迹也许有天意，或注定是一种缘分。毕业后我被选调进江苏省委宣传部，从此开启了在宣传思想文化战线从政为民的奋斗历程。当我怀着敬畏的心情，迈进解放军站岗的省委机关大门，深感肩上扛着一副神圣的重担。我决心负重前行。

当时，省委科教部刚刚整建制并入省委宣传部。不久"真理标准"一文作者胡福明也调任省委常委兼宣传部常务副部长。一部两常委，足见省委对宣传思想文化工作寄予厚望。那些年，从"文革"这场浩劫中走出不久的广大干部群众又受到"两个凡是"思想的禁锢，拨乱反正雷区纵横，真理标准讨论缓步难行，人们的思想处在深深焦虑之中。要冲破"两个凡是"的束缚，是艰难的，甚至是痛苦的。我心里急得像装着一盆炭火，主动请缨，连续三年起草《全省宣传工作要点》下发全省。陪同省领导南下苏锡常，北上盐连扬，调研督促，要求市县宣传部门突出重点，大力解放思想，坚持实事求是，深入贯彻十一届三中全会思想路线。随着干部群众思想解放的逐步深入，全省改革开放一浪高过一浪向前发展。

20世纪80年代初这几年,安徽小岗村开始实行联产承包责任制。江苏省委常委会开会研究农村改革,我作为省委领导秘书参会旁听。会上争论热烈,有一种观点是“要把这股单干歪风阻击在长江彼岸”。会后,我建议领导:小岗村行不行,不妨到农村去走一走看一看。随后,我陪同领导到高淳、六合实地调查,发现农村“大锅饭”盛行,“一刀切”成风,已把农民的种田积极性整得“七零八落”。老乡说,“谁让我们吃饱饭,过好日子,我们就拥护谁”。回来后,我根据首长的意思向省委写调查报告,明确指出“现在农村的生产关系已严重束缚和阻碍了生产力发展,必须改革,解放农民的种田积极性。”

在过后的几年里,江苏农村大刀阔斧推进联产承包责任制改革,土地多种经营,乡镇工业蓬勃发展。地还是那些地,人还是那些人,但整个乡村出现了大地回春,花果飘香,人欢马腾的繁荣景象。

那些年,我先后跟两位省委领导当秘书。我时刻告诫自己,做事“宜严谨,宜从容,宜俭约”。别人眼里循规蹈矩的我居然也会做出一些跟领导“较真”的事。一次,我随领导参加全国宣传工作会议,时任中宣部有关领导在讲话中提出“第二次拨乱反正”。我感到这一提法会产生歧义,让人误解为“要把解放思想拨正的东西,再给拨回去?”我建议领导在传达贯彻时淡化这一提法。我还通过中宣部信息联络员渠道,向上反映这个建议,并得到了采纳。还有一次,在全省经济工作会议上,省政府有关领导号召要在全省经济战线广泛开展“清除精神污染”的斗争,引起了我深深的担忧,这一号召不符合中央提出的“全党要把工作重心放到抓经济发展上去”的指导方针。我主动向省委领导反映了这个担忧,省政府很快收回了这一提法。过后我想起这两件事,总会感到后怕,但没有后悔。

1984年,我被借调至省委办公厅,参与江苏省第七次党代表大会报告起草工作。报告起草小组遵照常委会的思想,绘就全省人民坚定改革开放,团结奋斗,推动经济社会全面发展的宏伟蓝图,并将报告在《新华日报》全文刊登。

90年代初,组织上委派我到无锡市委宣传部挂职锻炼,在实际工作中历练成长。一年后的一天,我忽然接到省委老首长的电话,约我到梁溪饭店见面。我思忖,老首长时任省委副书记,此时单独召见,必有要事。握手落座,老首长开门见山:他将调任国家广电部,希望我能跟他去北京,在办公厅任职。我一听,先是大喜,祝贺老首长为国家挑大梁。时而又语塞,脑海里闪出老母亲期盼的眼神,吞吞吐吐:“只是……嗯,北京皇城根儿……不是我能待的……”老首长听罢,应是明白了我这个孝子的心思,爽朗大笑:“好啊,出则忠,入则孝嘛……”无锡市领导闻此情况,先下手为强,很快就把我的行政关系调回无锡。南京的同事听到后,众口一词:可惜了,可惜了!

当时的我,心里就两个字:舍,得。这也许是我这一世作出的最“伟大而又愚拙”的选择。

不得不说,人的一生,能达到“舍得”境界实为不易。有舍有得,有得必舍;未曾懂得,何以舍得?!

第四回唱“太湖美”

无锡是个好地方。我怀着拳拳赤子之心,投入到家乡改革开放的发展洪流中,建功乡梓,搏浪前行。

一位老人“南方谈话”的发表,如春雷响彻大地。我深受鼓舞,在机关企业连作四场宣讲报告。从“春天的故事”讲到中国特色社会主义美好前景,用通达的话语、睿智的分析打动听众,会场的气氛十分活跃,大家的眼里闪着兴奋的光彩。此情此景,使我感悟到宣传中央的大政方针,不能讲套话空话,大思想就要用大实话来讲。

文化是城市的灵魂。我主抓全市文化发展,从不搞花拳绣腿,而是着眼大局,抓住无锡吴文化和民族工商发祥地的文化特质,大力建设传统文化和社会主义先进文化融合发展的大文化。

我策划组织无锡吴文化节暨太湖经贸节,举行隆重的泰伯祭祀典礼,亲自撰写祭文,纪念吴泰伯“三让天下”的高蹤大德和开发江南的千秋伟业;高水平承办“太湖杯”中国金鸡百花电影节、第六届中国艺术节、第四届中国民间艺术节,展示无锡雄厚的文化创造力;连续举办三届马山国际钓鱼节,鱼跃人欢的盛景让鱼米之乡的美誉实至名归;策划中国宜兴国际陶艺节,让紫砂神韵走向世界。筹建程及美术馆,提升“书画之乡”的艺术品位;推动扩建惠山泥人博物馆,大阿福为无锡赢得了“中国泥人之乡”的雅冠;举办“二泉映月音乐会”,为无锡再添 “中国民乐之乡”的美誉。

我深深地热爱家乡,在我眼里家乡的一草一木都会生出别样的象征意义。

梅花高洁典雅，香樟四季常青，我力主确定梅花为市花，香樟为市树，报告很快获市人大通过。为配合无锡从运河时代走向太湖时代的城市发展战略，我提议将《太湖美》作为无锡市歌，经市委同意，我直奔南京，跟词曲作者顺利签订版权协议，“太湖明珠”的风采从此唱响大江南北。

为鼓励优秀文艺作品生产，我受命制定市委市府《关于设立无锡市文学艺术奖的决定》，并主持评审委员会工作，催生出一批优秀作品，获“全国五个一工程奖”、文化部“文华大奖”、省优秀组织奖，并荣获市政府集体二等功；组织全市文物普查工作，推动东林书院、薛福成故居、阿炳故居的扩建修复，并晋级“国保”行列；组织编撰《无锡文库》大型丛书，彰显无锡三千年深厚的文化底蕴；牵头制定清名桥、惠山祠堂群、荡口、荣巷、小娄巷五大历史文化街区修复建设的《规划》，经过十多年的建设，现在这些文化地标已鲜活地走进人民生活；大运河清名桥历史街区已成功入选世界文化遗产，惠山祠堂群跻身中国世界文化遗产预备名录。

2016年在市两会上，至此参加政协工作整25年。

中国的改革开放引起世界广泛关注，但是我们在国际上的声音却很微弱。我受命组建市委外宣办和市政府新闻办，并兼任两办主任。我还是那个风格，大事必须实办，要用改革开放的成功实践，用人家听得懂的话语，讲好中国故事。

我多次组织境内外记者采访报道无锡新加坡工业园的建设发展，用事实告诉外国朋友：“到中国来投资是能赚钱的”；组织“今日无锡”大型摄影活动，用新闻图片向境内外刊发专版，展示改革开放的中国风采;组织策划"七夕两岸三地电视直播节目",台湾东升电视、香港卫视、凤凰卫视、无锡电视72小时联网直播,给台湾、港澳同胞传递"红豆相思情,同胞骨肉亲"的浓浓情意;参加"中日樱花友谊林"建设长达20年,陪同日本友人赴韶山植樱,登泰山观日,游敦煌探秘,就是要向他们宣示:"中国人民热爱和平,同中国友好是正道";带领文化代表团出访中东和欧洲多国,把《二泉映月》《太湖美》唱响以色列总统府、维也纳金色大厅,让外国朋友感受多彩的中华文明。

还有一件事,讲起来颇有神秘色彩。马山国家旅游度假区建设要恭请大佛。我热心积极地以无锡市政协常委的身份陪同国内高僧大德,走遍马山,踏勘风水,最后确定秦履峰南麓是为圣迹。大佛开光仪式,市新闻办邀请港澳及外国记者进行报道。吉日凌晨,无锡市区风雨大作,雷电交加。待到典礼吉时,太湖之滨忽然风停雨歇,一缕阳光拨开云雾,洒向灵山。在场的人无不惊喜万分,众记者围着我直呼:"阿弥陀佛,太神奇了!"我对他们说:"这是佛光普照。无锡灵山大佛与香港天坛大佛一南一北,遥相呼应,慧光垂照,必然福佑神州,光耀东方。准灵!"此后,香港澳门相继回归,中华大地更是莺歌燕舞,蒸蒸日上。也许这就是所谓"量子纠缠"的作用吧?

"城市竞争名者胜"。无锡文化的繁荣和国际知名度的提升,有力地推动了无锡经济高质量发展和高水平对外开放,无锡的综合经济实力快速跃居全国城市前列。

第五回唱"梅花赋"

岁月时光,行云流水,看完北京奥运会直播后,我光荣退休。小辈不在身边,自然少了"弄儿床前戏"的乐趣。我就迈开老腿,悠然面南山,采菊东篱下,成了惠山祠堂文化的忠实守护者。

在2012年北京中国世界遗产会议上,无锡惠山祠堂群凭"世界四大文明古国唯一延续的民族与文化"这一主题入选世界文化遗产预备名录。在这片神奇的土地上,遗存有唐宋以来118处古代祠堂,涵盖七十多个姓氏,形成了全国独特的祠堂群文化。这里蕴藏着丰富的传统文化,祀奉着众多的历史名人,演绎着可歌可泣的历史故事,折射出忠勇仁义,爱国恤民,尊贤崇德,开万世太平的家国情怀。这是中华民族生生不息、薪火相传的文化精神,是根植亿万民众心里的血脉基因。

守护传承好这一泓江南文脉,是我这个文化老兵的使命。我作为无锡市祠堂文化研究会荣誉会长,团结带领大家坚持文化自信,守正创新,实践创造,使祠堂文化脉搏更强健,血液更新鲜,融入新时代浩荡发展的文化洪流……

2018年在江南文脉论坛发言:《拥抱新时代》。

续修宗谱是传承祠堂文化的重要工作。过氏十二巡宗谱玉成之际,我恭敬沐手,为《无锡过氏宗谱》撰写序文。全文凡一千三百余言,情真意切,激励过氏裔孙"承道德薪火,励奋进之志,循大道而行,担启承伟业。为国家昌盛,为民族复兴,鞠躬尽瘁,自强不息!"《无锡过氏宗谱》供奉祠堂,族人翻开家谱寻找到的并不只是一个个遥远的名字,还有一股紫气东来的精神力量。

祠堂祭祀是传承千年的民间礼仪,在很长一段时间里被视为四旧而终止。过郡马祠在惠山古镇第一个恢复祭祀是有点勇气的。丁酉清明过郡马祠祭祀典礼向全球直播,这是过氏家族的百年荣耀。我召集大家研究策划,亲自拟定直播台本,撰写祭文,报中央电视台审阅通过。祭祀仪式既传统古朴又展现时代气息。清明正日,祠堂院内宗亲云集,旌旗飘扬。四架摄像机多角度全景式拍摄"相天法地、恭颂祭文、享胙布福、金龙呈祥"的场景,表达了华夏子孙"天人合一"

的哲学信仰,展现了民间传统礼仪的中国气派。过郡马祠清明祭祀典礼经CCTV-4国际频道成功直播,影响广泛,广受好评,向世界宣示了中华民族薪火相传、生生不息、自立于世界民族之林的伟大精神力量。

过氏宗亲对祠堂文化的忠义善守被中宣部杂志报道。《传承祠堂祭祀,升华时代精神》实践论文由省地方志学会编印入书。我们还不断拓展祠堂的社会教化功能,在祠堂举办"青少年学生成人礼""百岁老人寿庆礼""革命烈士亲属慰问座谈会""父母诞辰百年纪念会"等文化活动,让"忠勇报国,仁爱为民"的家国大义在祠堂的记忆里永生。

祠堂文化能够以新的面貌走进当今时代,这样的活态传承将有力推进惠山古镇的申遗步伐。无锡的这方"中国印"必将走向世界。

十年文化守望路,留住人生二度春。博大精深的传统文化也滋养着我人生的智慧,过郡马祠堂大门上那幅"法天象地,尚水相土"的对联,给了我深深的启示。天地有时,岁月有期,春华秋实,夏收冬藏。回眸之间,我们这一辈已走过春夏秋季,开始步入人生的冬季。取法天地,万物归藏之时,要知进退,藏锋芒。要放慢脚步,悟道修身,学会藏行、藏心。

笑对秋雨冬雪,静守一颗初心。春天是美好的,正如《梅花赋》所写:"倘若风雨他日来,枝叶凋零傲骨在,即便寒冷雪花飞,我伴梅花报春来。"

(写于2024年)

一次特别的教育实践

文/许松铭

大学毕业后，我要求调回了妻子工作的小城，在一所规模较小的普通中学任教。

我虽然毕业于南京师范学院中文系，但我是新闻班的，中文基础与正宗中文科班出身的难以比肩，我心里很清楚。然而，我并不气馁，我上大学前就干过五年中学教师（正是为了这五年教龄我才从新闻单位转到教育岗位）。我学的是新闻，各科学业成绩都不差，知识面阔，善于与人打交道，这是教育孩子应具备的另一种优势，我相信，我是可以的。

毕业前，（前排从左至右）瞿进达、许松铭、过耀华、许海燕、（后排从左至右）王楠、陶达、杨培江、陈颐、樊辉合影。

到学校工作一段时间以后，我发现，这所学校的学习氛围不太理想，学生不爱读书，看起来都松松垮垮的。尽管本校不乏东北师大、南京师院、江苏师院等名校毕业的教师，甚至还有从省重点中学调来的名教师，但是互相交流起来总还是觉得有些不得劲，有一种恨铁不成钢、无可奈何的怨情。

初来乍到，我也不便乱发言，少评价，多做事，干干再说。

一段时间过去了，我了解到这所学校办高中的时间不太长，前两年的毕业生鲜有人考取大学，影响到在校学生的学习信心和积极性。大多数学生都只想拿个高中毕业文凭，对考大学基本不抱希望。无怪乎，学校怎么能形成一种好学上进的氛围呢？

在无奈中等待，在逆境中思考。一年后，我发现了一条重要讯息，共青团中央将举办全国青年知识竞赛，旨在推动全社会尊重知识、尊重人才，促进良好社会风气的形成，鼓励全国青年以新的姿态投身到改革开放中去。我想，这对我们学校来说无疑是一个动员学生爱读书读好书的好契机。如果工作做得扎实，可以将学生们的读书热情激发出来，有利于改善本校的学习环境，增强学生的上进心。机会稍纵即逝，正能量的东西必须牢牢抓住。我把我准备组织本校学生参加竞赛的想法向校长作了汇报，校长很高兴，表示认同，但他又补充了一句："我们学校至今连县里的奖都没有拿过，想获全国青年知识竞赛的大奖，我是想也不敢想的。"

我接着校长的话说，我们动员学生参加竞赛主要是为了激发他们的学习兴趣，借风助航，获奖只在其次。如果获奖了，对提高他们的学习信心，作用会非比寻常。他们不是天生笨，也可以争取创造辉煌！

对于参加这次竞赛，我也是有点底气的。在南师读书时，我们宿舍有六个老三届高中毕业生，两个应届才俊。我们同宿同吃同学习，相互切磋学问。那几位老大哥，有精通俄语、英语的，有精通古典诗词的，还有博学多才、知识面宽阔的，还有两位年轻人，虚心好学，刻苦钻研，蕴藏了极大的潜力。在他们的影响下，我也勤学苦读，加强修养，丰富自己多方面的知识。我跟许海燕他们学会了查阅图书目录档案，到图书馆去查询某个知识点的来龙去脉(三十年前还没有互联网)。特别是我们新闻班的同学，接受过系统的新闻学教育，铭记一个合格的新闻记者必须是一个知识丰富的"杂家"的教诲。从这个意义上来说，我组织、辅导学生参加全国竞赛,是有充分思想准备的,决非一时心血来潮。

当时,为了让更多的学生参赛,我上报了两个班级分别组团参赛,尽可能让学生去看书、查资料、找答案。我还联络了几位不同学科的老师去辅导学生,研究题目,求取答案。一两个星期的时间,整个学校的学习气氛便热起来了。同学们讨论试题,争论答案,除了上课,其余时间都在思考怎么答题,绞尽脑汁寻找答案。

纪念入校20年同学聚会,(从左至右)许建军、许松铭、张亚青合影。

实事求是地说,既然是全国的竞赛,全社会的青年都可以报名,参赛人数决不会少,竞赛题目也不可能轻而易举就能答对。我的策略是,我们学校师生能够解决的问题先解决,不能解决的,将其分给学生带回去求助家长、亲戚、朋友,千方百计寻求答案。尽管如此,有少数题目大家还是做不出来,或者无法判断其正确与否。于是,就由我们老师跑外地大图书馆查阅,或到高校找自己的老师帮助解决。记得有一条题目,听说需要用高深的高等数学去解,大家都解不开。我钻研了几天,就将题目分解开来,用初等数学、算术甚至测算方法,求得了一个结果,最终证明,让我给“蒙”对了。

2012 年同学聚会，(从左至右)许松铭、王楠、杨培江、过耀华、许海燕、陶达、王吉鸣、瞿进达合影。

近四十年如火如荼的岁月过去了，当年组织学生参加竞赛的细节早已模糊不清，但一个意外的结果却记忆犹新。我出席了团中央召开的全国青年知识竞赛颁奖大会，捧回了全国团体二等奖、团体三等奖两张大红奖状和《辞源》、《辞海》等一大包奖品。当这些奖状、奖品放在全校师生们面前时，大家都激动不已，不为别的，是它，为大家找回了信心，找准了未来！

三十个春秋，奉献给了教育事业

文/许海燕

如果不是“文革”蹉跎了我们十年宝贵的青春岁月，也许我这篇文章的题目会是《四十个春秋，奉献给了教育事业》。

我是“老三届”高二的学生。“文革”结束，1977 年恢复高考制度后，我考进南京师范学院 77 级新闻班，那时候我已经 30 岁。当时我们班上，年纪最大的比我大 1 岁，年纪最小的比我小 11 岁，高中刚刚毕业。

1982 年 2 月，我们毕业了。由于我在外国文学方面已有一点专长（“文革”十年中，我一直在自学俄语、英语以及外国文学），而且就我的天性而言，也许更适合当一个老师，系里就让我留校了，换了一个师范专业的同学分配到新华日报社。

我的教师生涯就这样开始了（不过，我在 22 岁的时候，曾在我的小学母校当过一年的代课教师）。我进入中文系的外国文学教研室当助教，主要的工作是听老教师的课，回答同学们的一些问题，批改作业和考卷，更重要的当然是继续更深入地学习外国文学，读许多作品、文学史和研究著作，同时系统地备“外国文学”这门课。一年以后，我开始逐步试讲某些章节，后来就慢慢地变成独立地讲一学期的课，再到完整地讲“外国文学”这门课程（两学期）。

当了教师以后自然要做班主任。第一次是做中文系 1982 级 2 班（师范班）的班主任，后来还做过两届新闻班的班主任。我做班主任的那个师范班的学生，都是一些勤奋好学的学生。也正逢改革开放的好时代，整个社会朝气蓬勃，这些学生后来都很有成就，有 5 个同学成为大学教授（清华大学、南京大学、江苏师范大学、肇庆学院等）；特别值得一提的是，这个班有一位同学后来成为北京电影学院摄影系的教授，也属于新闻教育界，他还是国际奥林匹克运动会摄影裁判组的

我们外国文学教研室的老师在讨论教学问题

成员;其他大部分同学都成为中学的特级教师和高级教师;这个班还有一位同学,在日本京都大学获得博士学位以后,去杭州创办了一家 IT 行业的公司。我到他那儿参观的时候,他告诉我,他的公司年销售额达到几十个亿,也算是一个成功的企业家了。

我带过的两届新闻班的同学,后来也大多成为新华日报、扬子晚报、江苏电视台等新闻单位的骨干力量。有一位同学后来进了中央电视台,还被评为台里的优秀记者。

为了进一步提高专业水平,1985 年我通过考试进入上海师范大学,读了一年半的助教进修班。我们与比较文学与世界文学专业的硕士研究生一起学习课程,上海的许多外国文学专家给我们讲过课或做过讲座。结业的时候,我们还集体编写了一本 30 多万字的《西方文学思潮概观》和一本 40 多万字的《外国文学史话》作为助教进修班学习成果的汇报。

1989 年,国家教委安排南京师范大学和西北师范大学支援西藏大学。我和另外两位其他系的老师乘飞机到成都,然后再飞到拉萨。西藏的天空是那么碧蓝,但是在拉萨贡嘎机场,我的心跳是每分钟 120 次。我给汉文系(西藏大学有

我第一次做班主任的那个班级的学生中的一位(左一),陈昌凤先后在南京师范大学、北京大学、清华大学任教,曾任清华大学新闻与传播学院常务副院长、中国新闻史学会会长,现在是清华大学长聘教授,博士生导师,她与她的博士和硕士毕业生在一起。

藏文系和汉文系)三年级的学生讲外国文学课。学生中有一半是汉族人,一半是藏族人。藏族学生讲的汉语与我们一样纯正,汉族学生多半是援藏干部的孩子,他们讲的藏语也十分流利。

拉萨的海拔在西藏算是比较低的,但氧气的含量大概也只有平原地区的一半,讲一堂课所付出的力气,相当于我在南京讲两堂课。学期中间,我的腰椎突发疼痛,不能站立,但我依然坚持撑着拐杖走到教室去,坐在椅子上给同学们讲课。

在西藏我读了许多关于西藏历史文化的书,也去过西藏不少地方。我在布达拉宫里瞻仰过五世达赖喇嘛通体包金的灵塔,在念青唐古拉山下看过洁白的冰川,也在当雄草原上为一群放牧牦牛的孩子拍过照片。

学期结束即将离开西藏大学的时候,同学们开会欢送我们。藏族女同学跳起了美丽的舞蹈，热情的男同学用一杯又一杯的青稞酒敬我们。我虽然不善于喝酒，但被同学们的热情所感动，也一杯又一杯地喝下肚去。

7 月中旬，我们离开西藏。当飞机飞临雅鲁藏布江上空时，我突然想到，这辈子我大概不会再有机会重访这块神奇美丽的土地了，顿时心中充满了无限的依恋。再见吧，美丽的西藏！再见吧，你无边无际的雪山，你莽莽苍苍的草原，你热情勇敢的人们！飞机越过怒江、澜沧江，在越过金沙江时，我拍下了这张照片。金沙江是四川和西藏的分界线，飞过金沙江，就是真正离开西藏了。

回到南京以后，除了在文学院讲授“外国文学”课程以外，我新开设了全校公共选修课程“世界文化史”。我努力追随时代的发展，比较早地采用了多媒体教学方法，再加上课程的内容本身丰富多彩，所以很受同学们欢迎。我在学校里最大的、可容纳 400 人的阶梯教室（图书馆的报告厅）里上课，课堂里坐得满满的，教务处每学期进行的由同学们打分的教学考核，我曾得过一次 100 分。

1994 年，我与另外两位老师去韩国汉城（现更名为“首尔”）德成女子大学中文系任教，我给 4 个年级各上一门课。我们努力探索给外国学生上课的方法，还自己编过简易的教材，我甚至还教过几个高年级的同学使用刚刚出现的中文电脑系统新的汉字输入法。同学们对我们很敬爱，记得韩国教师节的那天，四年级的同学邀请我们到咖啡馆聚会，我们一同用汉语聊天，她们那次送给我的教师节礼物——一件短袖沙滩衣，我到现在还有时拿出来穿。

在汉城工作的那一年，除了教课以外，我开始致力于一个新的教学和研究方向——“中西文化交流史”。从汉朝开始，一直有朝鲜留学生到中国来留学，他们也把许多中国古代的书籍带回朝鲜，所以韩国也就保留了不少与中西文化交流史有关的中国古籍（其中有些国内已经失逸或不易找到）。我曾在汉城大学（现为“首尔大学”）、高丽大学等学校以及韩国国家图书馆里收集过一些有价值的资料，还利用那些学校的英文藏书搜集过有用的资料。

1995 年回国以后，我评上了副教授，后来又评为教授。我给本科生新开“中西文化交流史”课程，开始指导硕士研究生。十几年的时间里，我指导过 30 余位硕士研究生，他们中间有不少后来又读了博士，现在他们多数是各个大学的副教授和教授，其中有一些人也在他们各自的学校里开设我在南京师范大学开设过的“世界文化史”和“中西文化交流史”这两门选修课。我给他们无私地提供过不少有用的资料，包括书籍、备课笔记和 PPT 课件等，即使退休以后，我还在科研课题的选择和申报、疑难问题的解答等方面给他们提供咨询帮助。我每发现新的有价值的资料，都通过网络传送给他们。

我给“比较文学与世界文学”专业的硕士研究生们开设过“英国文学史”、“哈代研究”、“中西比较文学”等课程，其中“哈代研究”这门课程对他们硕士论文的选题有过较大的影响。我指导的研究生们先后有 7 个人选择哈代研究的某一个方面作为硕士论文的题目，这些论文(包括其中某些部分)后来以各种形式正式发表或出版。

大学教师除了教课，还要从事研究。我的研究方向主要是欧美文学(尤其是俄罗斯文学)、中西比较文学、中西文化交流史。30 年里，我写过《莎士比亚》《中西文化交流史》《利玛窦在中国》等 3 本专著，发表了《论屠格涅夫的文学批评活动》《托尔斯泰与中国先秦思想家》《论哈代小说的历史文化底蕴》等 10 多篇论文，主编和参编过 4 部外国文学教材及 7 本文学和文化方面的书，在我国大陆和台湾翻译出版过 10 本俄国文学作品，另外还在报刊上发表过 20 多篇普及性的文章。

说来有点意思，因为我在台湾出版过 6 本俄国文学译著，由台湾地区一家专门出版外国文学作品的比较大的出版社志文出版社出版，而且再版多次，台湾妇女与生活文化事业公司还出版过我写的《莎士比亚》一书，所以我还间接地在台湾的教育事业中发挥过作用。台湾的一些大学，如台湾大学、台湾师范大学、台湾清华大学、东吴大学等校的图书馆都藏有我翻译的书。因为我翻译的是托尔斯泰、屠格涅夫、高尔基等名家的作品，所以，我通过网络检索，发现出借率还比较高。

台湾的许多大学一般都开设“生命与死亡”这门选修课程，一般都把我翻译的托尔斯泰的《人生论》《伊凡·伊里奇之死》作为指定阅读书目，也有不少台湾读者给我写信。

1993 年，我还短期(3 个月)指导过一位澳大利亚莫纳西大学来中国的访问学者。他来访学的课题是“中国基督教史”，我在这方面有所研究(属于中西文化交流史的一个部分)。我带领他在图书馆里搜集有关资料，给他讲解若干问题，还带他参观访问了南京和上海的一些博物馆、神学院、基督教堂等。记得有一次我带他去参观栖霞山和栖霞寺，寺门外有个小贩在卖十二生肖的泥塑。他问我这是什么？我给他解释了一番，然后我说我属老鼠。他想了想后问我，他应该属什么。我说你不是中国人，不属什么。但我又说，你比我小一岁，应该属牛，他听了很高兴，就买了一个牛的泥塑。

还有一次，我请他到我家来吃饭。夫人做了一些春卷，他吃得津津有味，问我这东西叫什么名字，我不假思索地回答他：Spring roll，他听了一脸茫然，问我："春天也能卷起来吗？"我忍不住哈哈大笑起来，因为我无法向他讲解汉语的精妙和中国文化的博大精深。临别的时候，他送我一本精装的《莎士比亚十四行诗集》。十几年后，我们学校有老师到他们学校去访学，他还托那位老师问候我。

大学除了培养人才和科学研究，还要为社会服务。因为南京师范大学在教育方面有比较丰富的资源，所以经常要为其他师范类的院校以及省内的中小学提供合作办学、教师进修深造等方面的服务。我在与我们合作办学的无锡教育学院等校讲授过"世界文化史"课程，去盐城师范学院等高校作过一些学术讲座，暑假里还多次给省内的中学教师培训班讲课，参加江苏省的高等教育自学考试命题，为中央广播电视大学讲授（录制）过"二十世纪欧美文学欣赏"选修课程，在中国教育电视台曾数次播出，这些也都是我的教育工作的组成部分。

2004年，南京师范大学与泰州市合办南京师范大学泰州学院，学校派我担任中文系主任。新学校的校园还没有建好（两年以后才初步建好），我们借用泰州师专的部分校舍开始办学，一切从零开始。我主持建设了中文系（后来发展为人文传媒学院）的各个方面，包括学科和专业建设、师资招聘和聘请，实验室建设、资料室建设等等。在我退休离开泰州时，人文传媒学院有汉语言文学、历史学、广播电视编导、播音与主持、广告学等5个专业，1000多名学生。我在南京师范大学泰州学院开设过"世界文化史""中西文化交流史"等课程。我还兼任过学院的工会主席，为教职工们做了一些力所能及的工作。

南京师范大学泰州学院人文传媒学院各个专业的毕业生，就业率很高。他们在中小学、广播电视台、各种公司等单位找到工作并且逐渐成熟，当他们以优异的成绩向老师汇报的时候，我由衷地感到高兴。

我与南京师范大学泰州学院的首届毕业生

在泰州工作8年,我对泰州产生乡土之情。泰州也是历史文化古城,我看了许多关于泰州历史文化的书籍,也参观考察过泰州地区的许多历史文化遗迹和现代蓬勃发展的产业。

为了对泰州的文化建设贡献一点绵薄之力,我主编了一本《泰州文化》(历史系的吴晓晴教授主编《泰州通史》3卷本),由凤凰出版社(现名为"江苏古籍出版社")正式出版。

2012年,我64岁,退休了。退休以后,我有更多空闲的时间看书学习和在国内外游历,但我并没有完全离开我的教育事业。我与时俱进,开设了"新浪博客",后来又开设了两个微信公众号:"南京师范大学许海燕教授"及"西方历史文化和中西文化交流史",写了近200篇图文并茂的文章,继续传播知识、思想和文化,有50多万人次读过我的文章。

三十个春秋,奉献给了教育事业,我感到快乐和幸福。因为我所从事的是我热爱的工作,同时也为祖国的发展和进步贡献了自己一份力量。

(写于2024年1月)

四十年前高考回忆

文/陈　颐

弹指一挥间，恢复高考已经四十年了。作为一名1977年高考的参与者、幸运者，许多往事至今仍历历在目，难以忘却。

不可动摇的决定

1977年10月21日早晨，中央人民广播电台“新闻和报纸联播”节目播出恢复高考的新闻时，我正在位于江苏省邳县新集公社粮管所内的江苏省电力建设公司第四工程处(今江苏省送变电公司)送电队二班集体宿舍的饭堂吃早餐。通知的详细内容已说不出了，但是统一考试、择优录取、考生年龄不超过30岁、上山下乡和回乡知识青年、同等学力……这些“关键词”却震撼着我的心！多年来萦绕心头挥之不去的上大学，为国家做更大贡献，接续家族传统，改变自己命运的梦想一下子变得这样现实，让我激动不已！饭吃完了，我一如平常地站起来走出饭堂，但我内心已作出不可动摇的决定：参加高考！

科学的应考方略

我的报考成为班里“热门话题”。人们怀疑，这个“文革”前只读到初一，8个月前刚招工进来的年轻人能考取吗？我的两位师傅竟然当着我的面激烈争论我能否考取，二人甚至打赌谁输谁请对方吃饭！可见我当时的压力之大。

我的自我分析是：首先，我选报文科，可以不考物理化学，这就避免了和老三届高中生相比的劣势，大大减轻了备考的负担。其次，数学方面我有一定的基础。我是南京一中“文革”前学生，初一学得很扎实，是班级学习委员。1974年在农村插队时曾获公社推荐工农兵大学生，虽因“海外关系”未被录取，但那年要

“文化考察”(要求初中毕业水平),我曾自学了全部初中课程,考得还不错。1977年夏天我又参加公司在淮阴举办的测量员培训,学了高中的三角函数。第三,8年农村插队期间,我真正是“位卑未敢忘忧国”,关心国内外大事,看了一点书,平时也记日记,写写画画,在语文、政治、史地方面我应当能有一拼。因此我的备考方略是:搜集全部“文革”前中学数学、历史、地理教材;重点复习、自习数学;通读史地教材,了解完整体系;语文政治不作准备。今天回头看这是科学的。

玩命的备考

我写信告诉父母决定报考和索要教材。母亲阅信后感动得哭了,用最快速度搜集到教材送到我们公司,公司往工地派车时带给了我。玩命的备考开始了!

按公司规定,我可以请假脱产复习应考,但是我主动放弃了。因为那时我是地地道道的“热血青年”!我刚刚经过测量员的培训,当年秋天工程开工后,我即作为测量员独当一面,成为班里的主要技术骨干之一,干得还不错,渐得班长和同事们的信任。我不愿因我请假而影响工程进展,不愿失去以技术骨干身份参与国家重点工程、提高自己专业技术水平的机会,更不愿既请了假最后又没考取难以面对公司、队、班的同事!于是我征得顾金千班长同意,每天属于测量员的活干完后,我即提前下班复习。在那一个多月里,每天早晨我准时和大伙一道出工,到工地又快又好地完成测量工作,保证了全班工程进度,下午三四点钟即可回到宿舍,放下蚊帐,钻进去,盘腿而坐,静心复习。晚饭后是最宝贵的时间,同事们喝酒打牌,我灯下夜读直到一两点。感谢同室王贵杰师傅,他从未提过意见,在大灯泡下睡了一个多月的觉!有理想支撑,不需要悬梁刺股,照样精力充沛!诚如管仲所云:悦其神者忘其形!一个月过去,我基本达到预期目标。

戏剧性的报名

令我没想到的是,竟然差点在报名环节翻船!我在报名截止日前几天写信给未随我父母下放的我的祖母,详细写了报名截止日和需带材料,请她打电话告诉我母亲。不料不知哪个环节的原因,这封信迟到了一两天。祖母收信后立即前往水西门邮局打电话给我下放在江宁农村的父母,那时已经是截止日前一天的傍晚了。第二天我弟弟一早出门,又受限于当时的交通、通讯条件,待我弟弟办好各种材料赶到栖霞区招生办时,已经红日西沉,报名已经截止!我弟弟见状上前硬是敲开大门。工作人员见我弟弟因赶路和着急,豆大的汗珠在脸上流淌,以为他哭了。忙问怎么回事?我弟弟回答:可怜我哥哥上不了大学了!工作人员问,你怎么这么笃定,你哥哥是什么情况,为什么到现在才来报名?我弟弟说明了迟到的原因,又是一番苦苦哀求,终于打动了这位善良的工作人员。他进去商量了一会儿,出来收下了我的报名材料。我永远感谢我的弟弟!

结　语

考取大学,是多种因素综合作用的结果。40年前恢复高考改变了我们的命运,我是幸运的。但我常想,若没有“文革”中断10年高考该有多好!当然,人不能选择时代,但却能在特定时代条件下选择人生,把握人生。我今已退休,晚年堪称幸福。回忆当年,惟愿国家长治久安,人人得以享受正常教育,人才辈出,国家兴旺!

(2018年3月1日于美国硅谷)

感恩南师新闻班

文/陈　颐

我的人生可分为三个“三十年”。第一个三十年,从 1952 年 9 月出生到 1982 年 1 月大学毕业,包括小学六年,南京一中初中三年,宝应农村插队八年,江苏省电力建设公司当产业工人一年多,上大学已 26 岁,毕业时 30 岁!第二个三十年,是从 1982 年 2 月起到江苏省社会科学院工作的三十年。自 2012 年 10 月 7 日从江苏省社科院退休,我的人生进入第三个三十年。

回首往事,在南京师范学院中文系 77 级新闻专业(即南师新闻班)学习的四年,是我人生中前两个“三十年”转换和过渡的承前启后极为重要的阶段。能够进入南师新闻班接受大学教育,是时代风云变化下自己的一种幸运和造化!因此,现在要写有关南师新闻班的回忆和感想,我反复总结和构思,最后概括和提炼出的主题就是:感恩南师新闻班!这是发自内心的肺腑之言,非用“感恩”二字不足以表达我对南师新闻班的感激之情和深深敬意!

南师新闻班让我在绝望之中终圆大学梦

我在 2018 年 3 月写的《四十年前高考回忆》(收入《南师 77 级新闻班入校四十周年》纪念册)一文中,详细回忆过那段不堪回首的灵与肉痛苦煎熬的往事:以初中学历毅然报考而备受争议;一个多月时间不脱产用下班后到半夜的时间复习,自学初高中教材;弟弟“敲开”因过了截止时间而关闭的报名点大门……终于我怀揣准考证踏进考场,过了初试、复试两关后自觉还有录取的希望!

谁知九九八十一难才过八十难还缺一难!我们公司当时在邳县施工。1978 年新年刚过,同事们都休探亲假回家团聚过春节了,我却主动报名和另两位同事在工地留守值班,因为已经对公司有了感情,想再多干几天。转眼春节过后,每天都有农民工带来消息:哪个公社哪个大队谁谁谁接到大学录取通知书了,然后有人问我:"陈师傅,你的录取通知到了吗?"而我盼望的喜讯却石沉大海! 直到广播中说大学录取工作已完毕,我知道自己名落孙山了! 心冷到冰点,绝望的痛苦难以言表! 可没想到几天后又说要扩大招生,这又让我心中的希望之火死灰复燃! 又过了几天,公司终于通知我:你已被南京师范学院中文系新闻专业(即南师新闻班)录取,而且是四年本科。公司送我回南京的途中,我的心情真如唐朝诗人孟郊名句所形容的:春风得意马蹄疾,一日看尽长安花!

回到家中才知道事情原委。我报考的第一志愿是南京大学历史系考古专业,第二志愿是复旦大学新闻系。复试以后,家父曾面托担任南大历史系领导的朋友:"如果我的儿子分数够了,拜托贵系录取他!"第一批录取结束后,家父的南大朋友登门相告:"贵公子分数已够,但考古专业需政审,因你们家有在台湾和美国的社会关系无法录取,我们也无能为力!"家母心痛欲绝,因为这些社会关系都是她娘家的呀! 擦干眼泪,家母不屈不挠地去省招生部门上访,诉说儿子从小学习成绩优秀,志向远大,插队农村,历经磨难,自学复习,万千不易,而关键是分数已够! 这些诉说真实感人,于理于情难以拒绝! 招生部门又了解到我的第二志愿是复旦新闻系,正好对上省里要在扩大招生中开设的南师新闻班,于是作出录取我的决定! 真是:漫天乌云风吹散,柳暗花明又一村!

后来我们又知道,江苏第一批招生计划中没有新闻专业。当时新华日报领导认为经过"文革"这一浩劫,新闻人才青黄不接,急切需要培养新鲜血液。于是,报社向省委提出并经省委同意,由新华日报社和南京师范学院中文系合办新闻专业并纳入 77 级扩大招生计划。此举不仅满足新时期新闻事业对于人才的急需,更是直接为我们这些已达到录取分数线却因各种原因没有录取的考生打开求学之门! 也正因为如此,南师新闻班录取了包括我在内的 41 人! 据了解,在当年全国高校 77 级扩大招生中南师新闻班是唯一的新闻专业。开设南师新闻班,功德无量,于国于民于我善莫大焉! 没有南师新闻班,就没有我上大学的机会! 我终生感恩南师新闻班!

南师新闻班带我进入知识的殿堂

1978 年 4 月 8 日,我在南师学生食堂排队办理入学报到手续,正式告别九年多插队务农和当产业工人的难忘的岁月。长达四年以学习为“专职”、为今后新职业打牢基础的人生新阶段正式开启！想到这些，我心情激动，精神振奋！

与此同时，我也感到沉沉压力！我自幼喜好读书，尊崇知识，可偏偏只上了初中一年便中断学业！虽然在插队务农和当工人期间，我也向实践向社会以及通过自学学到了一些知识，但和大学同班同学相比，不论年龄长于我还是小于我的同学，人家的知识基础和积累都强于我！认识到这一差距，我下决心加倍努力，刻苦学习，珍惜来之不易的大学时光！

大学期间，(从左至右)王楠、陶达、陈颐、杨培江、樊辉合影。

感谢南师中文系和新华日报为我们科学地设置了课程。新闻班前两年编入中文班，学习中文班的全部课程；后两年学习新闻专业的课程。我给自己定下的目标和方略是：认真上好每一堂课，弄懂弄通每一门课老师讲授的内容，掌握每一门课的框架结构。在此前提下，不花时间背书，多花时间看书，考试成绩得“良好”就行。

在前两年的中文专业课里，我们系统、全面地学习了中国先秦文学、两汉文学、魏晋南北朝文学；相应地学习了诗经、楚辞、史记、乐府等作品；然后是唐诗、宋词、元曲、明清小说，再后来是中国近代文学、现代文学、当代文学。我们还学习了汉语语音、语法、逻辑、修辞、文艺理论；学习了散文、诗歌、小说、议论文等各种文学体裁，并进行了严格的写作训练；学习了外国文学和有代表性的外国文学作品。特别值得一提的是，我们和中文系同学一起，观看了几十部当时尚未开禁、只供内部教学研究的国内外影片。我对其中的一些课程特别有兴趣，例如《史记》，我曾比较项羽和刘邦看到秦始皇车驾经过时说的话，写了一篇笔记，分析司马迁笔下的人物性格描写。不久前，我在当年自己购买的胡云翼著《宋词选》中竟然发现夹在书中的学宋词时写的笔记初稿。这个初稿是讨论词的“自宋始大”问题的，虽然仅有几千字篇幅，但论其学术性和所使用的资料是我现在无法再写出来的。两年中文专业课程的学习让我大开眼界，中国文学这棵参天大树的体系轮廓和它的主要枝干大大提高了我的文学素养。尽管相对于中国文学体系的博大精深，我所学到的甚或只是“接触到”的不过是皮毛，但是此后几十年间，我在工作、生活中却时时感受到它的滋养。

在和中文系同学共同学习的两年中，我们还系统、全面地学习了哲学、经济学、中国历史、世界历史、中共党史等必修的公共课程。我知道，不少学生对这些课程不感兴趣，将其视为负担，但我却学得有滋有味。特别是政治经济学，我发现原来我们司空见惯的经济活动、经济现象背后竟然有着这么多的道理！当然，后来随着中国改革开放的深入，这些课程的教科书已被多次修改，但是我始终认为大学期间学到的这些知识是有用的：它的一些基本原理和主要结论没有过时，至少仍然是今天不容忽视的一家之言，甚至它的一些基本范畴让我们理解和接受新理论变得比较容易，而一些新理论不过是在传统理论基础上、新的时代条件下的一种发展！总之，在新闻班学到的这些经史哲方面的知识，让我在后来的工作中能够更多角度、更深层次地观察社会，理解生活，表达想法，以尽自己一份力量以推动社会进步。

后两年有关新闻专业课程的学习更使我理解到新闻学的科学性和系统性。我在农村插队时，曾几次接受过县委通讯组记者的采访。我当时对记者和新闻的印象就是，他们从黄书包中取出纸笔，跟你交谈，把交谈内容记下来，回去写成稿子在广播上播出。所以我觉得搞新闻好像不难，高考时就把复旦新闻系作为第二志愿。殊不知，这新闻学竟可以分成新闻业务和新闻理论两大块。我们当年的“新闻业务”课是由新华日报采编经验丰富的老报人讲授的，其中包括采访、写作、编辑乃至摄影、标题、版面、校对。而在这些新闻业务课程中又包含着新闻五要素、新闻真实性、新闻时效性这些原则性的理论；在新闻写作中又有消息、通讯、报告文学、新闻评论、社论这些体裁性的划分。我们还用了一学期进行实习，将所学的新闻业务与新闻实践紧密结合，培养新闻采写的实战能力。“新闻理论”课一块则以中国新闻史、党的新闻事业史、党报党性理论为主，兼及西方新闻史和以“新闻自由”为核心的西方新闻理论。通过两年的学习和实习，我不仅对新闻工作的专业性有了深刻的理解，更对中国和西方两种新闻理论的区别和差异大感兴趣，并进行了一些粗浅但认真的思考，在一定程度上培养了自己的思辨能力，可能这就是毕业后我被分配到江苏省社会科学院新闻研究所的一大原因吧。

对我来说，必须提及的还有英语的学习。我上大学前只是在南京一中初一时学过一年俄语。考上大学后，我敏锐地意识到今后英语的重要性，于是下决心从零开始学好大学英语。我每天都要挤出时间在不显眼的角落大声念记英语单词和朗读英语课文和课外读物。四年坚持下来，我的英语终于有了明显进步！1990年我在扬州师范学院培训出国英语EPT，规定一年考试通过，我竟然半年就考试通过了，这事儿一时传为佳话！

更为幸运的是，在南师新闻班学习的四年中，恰逢思想解放的年代！从真理标准的讨论、“伤痕文学”的时兴，到党的十一届三中全会和党的十一届六中全会决议，作为历来思想活跃的南京师范学院的学生，我当然关注这些事件，也有自己的思考。对越自卫反击战期间，我每天早晨都去学生食堂听学生自发组织的战况通报。我感到，这些非规定课程的活动并没有影响自己的学习，相反，使自己思想上政治上更加成熟了！

时光消逝，年岁增长，四十多年前的事回忆起来难免有错漏之处。但是，一个体会和认识是永远也不会淡忘的！这就是，是南师新闻班把我带进知识的殿堂！四年苦读，终于修满学分，考试合格，准予毕业。离开母校时，自己的专业知识大大丰富，知识结构更新升级，思想方法更加成熟，职业准备大体完成。没有南师新闻班，就没有我的这一切！我终生感恩南师新闻班！

在此，我还要特别感恩南京师范学院中文系的盛思明老师、方国才老师和新华日报的王寄忠老师、支德裕老师、薛恒淦老师！他们倾注巨大的热情和心血，规划我们的学习，指导我们的成长，在我们遇到困难和问题的时候总是尽力帮助！我难以忘怀的是，当我提出“走读”的困难后，他们及时进行调剂，帮我解决“住读”问题。毕业分配时，我向他们陈述了希望留在南京的愿望和原因，他们问得详细，记得认真，虽未作当面承诺，但我感激他们的关切！

感恩南师新闻班，不负南师新闻班

1982年2月1日，我到江苏省社会科学院报到，正式告别南师新闻班。走上新的工作岗位，我意气风发，想起了大学期间谈凤梁老师讲魏晋文学时对当时知识分子理想抱负所概括的一句话：建功立业！这句话适合古今中外那些抱负远大、奋发有为的志士仁人，也完全符合我一贯的人生态度，是我此后三十年职业生涯的行为取向！

确实，我在省社科院三十年的工作中是积极进取、努力拼搏的。我的奋斗动力来自多方面，其中一个不必隐瞒的来源就是由“感恩南师新闻班”而生发出的“不负南师新闻班”的意识，可以称之为“报恩意识”。

我大学毕业刚工作时，江苏省社会科学院新闻研究所和社会学研究所是一套人马两块牌子。到社科院的前两年，我先是主要进行新闻研究。1983年暑假，我参加了中国社会学学会在上海举办的“社会学培训班”。1983年1月，中国社会学泰斗费孝通教授来江苏指导国家哲学社会科学重点项目——“江苏省小城镇研究”，该项目由中国社会科学院社会学研究所和江苏省社会科学院社会学研究所联合承担。我和叶南客同学都上了小城镇课题，由此重点转到社会学研究。在社会学研究中，我深感在南师新闻班所学到的丰富知识是大有用途的！我理解的社会学应用研究的“粗线条”的一般过程是：用社会学的基础理论和方法论设计课题，然后进行课题调查，最后用社会学的理论进行分析并写成研究报告。其实，在课题调查中所必须遵循的原则以及使用的方法和新闻调查是相通的。新闻学素养越高，社会学调查的质量就越好。在1983年秋课题的第一次研讨会上，我这个社会学新人的第一个社会学课题中的调查报告就得到费孝通教授的重视和好评！费老把我喊到他的房间，以学术前辈的身份慈祥可亲地肯定了我的观点的价值，要我再去一次吴江县，对他想到的一个问题专门做调查，并嘱我今后有小城镇研究方面的成果，可直接寄给他看。我就又去吴江调研，将补充了新材料的调研报告寄给费老。费老很快写信给我院领导，称赞了我的报告。

2010 年参加在北京人民大会堂举行的“纪念费孝通同志诞辰 100 周年座谈会”留影

虽然我在 1984 年以后从事社会学方面的研究了，但是我仍然对大学期间已经接触并有所思考的新闻学理论问题不能忘怀，结合社会学的理论和方法论时常深入思考。我产生了一种冲动，不能放弃曾经认真学过的新闻学理论，要用新闻学基础理论方面的创新回报南师新闻班！酝酿多年以后，1996 年 5 月我在江苏教育出版社出版了专著《新闻社会学》。据我所知，这是国内第一本新闻社会学。国内学者此前已有人提到这个命题，但尚无系统论述问世。本书共十二章，主要用社会学“结构—功能”和“制度”的理论和方法论，研究新闻事业的社会功能及其实现条件，提出新闻事业具有信息机构、舆论机关、民主机制、政党工具、控制手段五大功能，提出并论述了当代新闻事业的两大内在矛盾，并对中国二十一世纪的新闻事业改革发展提出自己的看法。该书出版以后，我在新华日报资料室中看到其在架上陈列，我也被母校南京师范大学新闻传播学院请去给学弟学妹们讲了三年的“新闻社会学”。这是我回报南师新闻班值得一提并感到自豪的一件事！

另一件值得一提的事是，1988年我因论文《论社会主义初级阶段的社会分化和阶级阶层制度》入选而出席中央召开的《党的十一届三中全会召开十周年理论讨论会》。会议由理论学术界专家从八百多篇论文中再选出191篇，其中江苏6篇（我的论文是其中之一）。中央政治局常委会数次讨论了会议的准备工作。当年12月18日是党的十一届三中全会召开十周年纪念日，讨论会在北京人民大会堂开幕。全体中央政治局常委和国家主席、人大常委会委员长等领导同志接见入选论文作者、特邀专家和各地宣传部门领导共三百多人。中央批准对入选论文给予表彰和奖励。我们从北京回来后，省委省政府领导又专门接见、座谈并给予表彰。我省入选的6篇论文在《新华日报》显著版面刊登。我想，这不仅仅是我个人的荣光，也是江苏省社会科学院的荣光，同样也是南师新闻班的荣光！

写到这里，已近6000字，该打住了。俯瞰窗外，虽已数九，但因选用常绿树种，小区园中仍有大片绿色。我虽已年过七旬，但心宽体健，乐观积极，倒也堪称晚年幸福。于是将2023年春天写的《沁园春》录在下面，以作豹尾之结！

沁园春　游园感怀

2023－03－17

九尽春来，丽日蓝天，习习东风。
喜园中花放，紫红繁盛，路边树绿，青翠葱茏。
鸟雀啼鸣，蝶蜂飞舞，万物复苏生气浓。
观佳景，竟流连拍照，陶醉其中。

人心天意相通，有多少事情常在胸！
虽发疏齿落，思维敏锐，心康体健，步态从容。
烈士晚年，老骥伏枥，家国情怀意气雄。
不服老，信复兴伟业，必定成功！

（写于2023年12月28日）

写给进校 40 周年

文/陶　达

站在人生黄昏的夕照里回首，让我欣慰的是：作为一个新闻人，我有幸见证了、经历了、参与了共和国最生机勃勃、灿烂辉煌的那段时光！让我快乐的是：这一段最美好回忆的原点，就是 1978 年那春日里，我们这些同学的第一次相聚……再悄悄自豪一下：这些同学以及师生合影照片中，有一些出自我手。它们虽然拍摄技巧不算高明，更没有什么精彩的后期制作，却真实地记录了那些属于我们大家并且可以留下无穷回味的"芳华"！

感恩大时代和应运而生的新闻班。

（写于 2018 年春）

2006 年在芬兰采访

2014 年在台湾中天电视台

大学师生众相谈

文/杨培江

沐浴“文革”后恢复高考制度的春风，我有幸跨入77级大学生的行列。回首四年的大学经历，当年聆听老师教诲、和同学朝夕相处的情景，至今仍历历在目。

我们是1978年上半年跨进南京师范学院的。教语法的是朱林清老师，他有一个口头语，一开讲就是：“说不好，说说看”。而从朱老师的讲课来看，这个“说不好”，在我们刚进校的一年级大学生看来，那就是“很好”了。

金启华老师给我们讲授“唐诗”。他博学多才，开朗幽默。记得有一次给我们讲杜甫的《闻官军收河南河北》，其中有一句“漫卷诗书喜欲狂”，金老师形容说：这就像你们听到放假的消息、赶快收拾东西准备回家了的喜悦心情一样。这番话把同学们都逗笑了。

教外国文学的陆协新老师，擅长讲析俄苏文学作品。他的普通话讲得不是很标准。记得有一次，陆老师在课堂上论述俄罗斯作家莱蒙托夫的《当代英雄》时，主人公皮巧林的“巧”字读音应该是第三声，却被读成了第四声，再加上他独有的腔调，同学们听起来很有兴趣。

教写作的是位姓钱的女老师，40多岁。她在评点同学写的文章时，经常说的是缺点。一位同班同学就私下埋怨过，我们在高中时学习成绩很不错，数学不谈，作文是经常被夸奖的。可到这里来写的文章却被钱老师说得几乎一无是处，真是很难释怀。一次，钱老师评点某女生文章时提到，某女生作文中提到早上起床洗漱、梳发、洗面、搽护肤品。对此，钱老师这样说：“我早上起来很简单，弄点水抹一下就上班了，哪来那么多讲究！”

我们在上新闻专业课期间，讲课的大都是新华日报社的领导和资深记者、编辑。省委宣传部副部长、新华日报原副总编辑王霞林讲授新闻报道的指导方针；

新华日报社的刘向东老师结合凤凰山铁矿抢险、宁六一级公路工程质量问题等重大报道案例，讲授新闻实践中需要掌握的问题；新华日报社的王寄忠、支德裕、薛恒淦3位老师，讲授新闻理论、新闻史等方面的课程。通过学习这些专业课程，我们开阔了眼界，丰富了专业知识，为将来从事新闻工作打下了坚实的基础。

由于是“文革”后恢复高考招收的首批大学生，新闻班同学年龄差距比较大，年龄最大的同学和年龄最小的同学之间相差十三岁。出生于20世纪四十年代的同学属于“老三届”，他们拥有的知识较多，生活经验丰富，对大学课程理解很快，研究问题也比较透彻。我们班有几位出生于四十年代的“老三届”，他们都是很有情趣的“老夫子”。例如英文中女的“她”是 she，而 she 汉语拼音就是“蛇”。于是，“老夫子”们就说，称女子为蛇或者说美女蛇完全是有根有据的。

有一位被我们称作老海燕的同学精通俄文，对俄罗斯文学深有研究。他见老师为了让后排同学都听见，讲课时不得不提高嗓门，便表示：今后如果自己当老师的话，为保护嗓子，要自备一个遥控小话筒，别在衣服上就可以使用，这样讲

作者（左二）二十世纪八十年代采访“当代活雷锋”朱伯儒（左三）留影。

课时就不需要声嘶力竭,同学们也能听得清楚。果然,老海燕毕业时凭着扎实的俄罗斯文学功底留校当了老师;另一位师范专业毕业的同学和他交换去了新华日报。从后来老海燕的照片来看,他留的发型和胡须还真像俄罗斯著名作家普希金。

大学毕业已经40多年,我也年近古稀了。每当回忆起大学时代,那难忘的一幕一幕,仍清晰地展现在眼前。

(写于2024年)

大学时看电影的回忆

文/杨培江

大学时光总是美好的，而回忆起当时看了那么多精彩的内部电影，至今心中依然涌动着一种兴奋之情。

那是1979年初，我就读的南京师范学院以中文系为主主办了全国现代文学研讨会。研讨会期间，放映了多部内部发行的电影，我们中文系新闻班学生也跟着沾了光，看了不少尚未公映的内部电影。这些电影题材丰富，既有国产电影，也有外国电影，思想内涵丰富，艺术水平很高。这些电影对于曾经历文化沙漠时期、只能看单调而一味说教的国产电影的我们，真正是大饱了眼福、开阔了视野、滋润了心灵。

当时看的苏联电影《白夜》，是根据俄罗斯著名作家陀思妥耶夫斯基原著改编的。我对其内容没记住多少，反倒是对电影中圣彼得堡的旖丽风光和精美建筑，尤其是涅瓦河上那一座座美丽的桥梁留下了深刻印记，以致于那些场景到现在仍是我心中的向往。

还有一部苏联电影《白痴》也是根据陀思妥耶夫斯基原著改编的。男主角梅思金公爵纯真、善良，扮演他的演员真正是风流倜傥，用现在的话就是帅呆了。电影中还有一段情节给我印象极深。富豪罗果静为了追求女主角娜丝帕莎，愿意出十万卢布。而娜斯帕莎竟然要轻易地烧掉这笔巨款，其情形真是动人心魄，扣人心弦。

我们还看了来自资本主义国家的电影。由于多年封闭和片面的宣传，当时我们很多人脑子里形成的固定概念就是：在资本主义国家中，政府和资本家都是剥削、压榨劳动人民的，是根本不顾百姓死活的。于是，有的同学就对这些电影中的一些内容难以理解。我们看的两部意大利电影《罗马11点》和《偷自行车的人》，都是当时世界影坛新现实主义的代表作。其中《罗马11点》讲述了这样一个故事:一个公司招聘打字员,由于拥挤不堪,楼梯塌了,压倒了很多人,消防员出动抢险救人。看到这些场景,一个来自苏南农村的同学问我,资本主义国家怎么会抢救老百姓呢?他们不是阶级对立的吗?我回答道,资本主义国家里也搞救灾救人啊!我们用的消防车还是西方国家发明的呢。这位同学听了后若有所悟。

南师当时没有大礼堂,仅有一个容纳四五百人的小礼堂。我们看电影只能到外面借用军人俱乐部和南工(现为东南大学)礼堂。在南工礼堂看的国产电影《生活的浪花》是由陈凯歌父亲陈怀皑导演的。主要演员有于洋、杨静、印质明等,其中于洋和杨静饰演一对情侣,而真实生活中他们就是一对夫妻。

记得研讨会期间,原来准备放苏联电影《静静的顿河》。后来老师解释说,由于这部电影长达四集,拷贝不好借等原因,就改放苏联彩色故事片《苦难的历程》。这部电影也不错,它是根据阿-托尔斯泰(即小托尔斯泰)的原著改编的,分为《两姊妹》《1918年》《阴暗的早晨》三集。该片内容丰富、场景优美、情节跌宕起伏,人物描写细腻,很受欢迎。

当时看内部电影大多是在位于山西路附近的军人俱乐部。晚上看完电影回来,从军人俱乐部回南师宿舍,最近的路是从汉口西路上学校的侧门进去,但侧门晚上8点就关了,看完电影回来的同学要绕到宁海路上从学校大门进去。有些同学嫌远就抄近路翻墙头了,一般是翻西边虎踞关路的那段围墙,因为那里的围墙比较矮。记得为这事,南师老院长吴讱在一次会议上说:男同学爬墙头也就算了,没想到女同学也跟着爬墙头。他幽默的话语加上苏北腔的普通话,逗得同学们哄堂大笑。

在南师大操场,当时放过两部苏联电影。记得其中一部电影是《春寒》,大致内容是:年轻女农民玛德拉爱上了男青年安德尔,但为了改变穷困状况,玛德拉不惜嫁给老地主。最后为了取得安德尔的欢心,玛德拉害死了老地主,甚至杀死了她和老地主生的儿子。然而,安德尔看透了玛德拉,毅然离开了她。玛德拉悲愤之下,自焚而亡。这部电影在苏联影坛并不出名,但在同学当中却引起了激烈的争论。从饭堂到寝室,大家争论得面红耳赤,当时偌大的学校黑板报版面上,只有针锋相对的两篇文章:一篇是“玛德拉之死不值得同情”,另一篇是“为什么要同情玛德拉之死”。这从一个侧面反映了改革开放之初文坛上的百花齐放、百家争鸣,也反映了同学们解放思想、畅所欲言的精神风貌。

泉水乡的一年

文/杨培江

那还是 26 年前的 1998 年，南京市管辖的各县中仍有少数农村乡镇没有摆脱贫困。南京市委市政府决定用一年时间让全部乡镇成为小康，打算采用城乡对口支援的方式，并从南京政府机关企事业单位抽调干部组成帮扶工作队，进驻有关乡镇，开展工作，确保按时完成奔小康任务。

本人有幸被抽中，加入了六合县泉水乡(后并入竹镇镇)帮扶工作队。当时，台领导对我说：很多人都积极报名想去扶贫，但领导决定让你去，希望你不要辜负台领导的期望。这一席话后，我毅然加入了帮扶奔小康的队伍。

1998 年 2 月 19 日，全市赴各扶贫乡镇的帮扶工作队在市机关大礼堂集中，然后赴郊县，我所在的泉水乡工作队先去六合县(现已改为六合区)招待所集中，并且在招待所食堂吃了中饭，吃的什么菜记不得了，但是上了一脸盆活珠子却印象比较深。

泉水乡位于六合县的西北部，紧邻安徽的来安县半塔，是贫困山区，被称为六合县的“西伯利亚”。当地经济条件很差，乡村企业没有几个，也不怎么景气，集镇上当时没有一家饭馆，招待客人只能到乡机关食堂，再加上前任乡主要领导好大喜功，决策失误，把微薄的家底几乎败光，还欠了很多债。为了躲债，前任乡主要领导到处逃避，甚至在春节前躲在小车的后备箱内逃回六合县城，以躲避债主的追债。虽然南京市在 1996—1997 两年曾派出工作队进行帮扶，但泉水乡仍然没有到达小康标准，当时是我市仅有的六个未达小康的乡镇之一。

泉水乡人接待工作队是很热情的，但由于经济基础条件较差，我们吃住的条件以及生活环境都较差，与我们在城里居住、生活的条件是无法相比的。加之我们刚进驻时正值乡领导新老交替，出现一些“真空”状态，因此工作困难很大，但是我们不等不靠,迅速开展了帮扶工作。

进驻泉水乡的市帮扶工作队共十四人,来自十四个单位,包括我所在的南京人民广播电台。驻乡后,我被选为副队长,并得到市帮扶办公室的确认,工作队还克服了交通不便的困难,走村串户,翻山越岭,本着因地制宜、切实可行、勤俭节约、迅速见效的原则,确立了九个帮扶项目,其中包括乡电灌站改造、乡中心小学教学楼建设、小城镇道路建设等。帮扶项目确定以后,为了保证项目的如期完成,工作队订立了责任制度,指定了项目责任人。

落实帮扶资金,是扶贫工作中最重要的事,除了市里下达的项目资金以外,还要求各帮扶单位筹集资金协助工作。十四个单位中,大部分单位的资金没有问题,但有的单位就困难了。像太平商场也是泉水乡的帮扶单位之一,但由于当时商业大气候的影响,经济效益较差,对帮扶资金的支付确有困难。当时我和太平商场的老何同志一起出主意、想办法,多次去太平商场,得到太平商场领导的支持,拨付了一批家用电器等物资,采用了以物代资的办法,落实了帮扶资金,支持了泉水乡的建设。

帮扶资金的到位加上我们的辛勤工作加快了帮扶项目的进度。乡中心小学教学楼的建设,南京电视台、南京人民广播电台、南京有线电视台先后投入100万元,市教委也投入25万元,保证了教学楼在当年9月8日按期完工,如期开学。

泉水乡中心小学教学楼竣工,良好的教室条件吸引了许多学生,该小学不断扩招,校领导腾出办公室作为教室也无法满足需求,有的班甚至达到了创纪录的70多人。后来由于日本提供了部分教学器材和物资,竹镇有关部门把学校改名为中日友好希望小学。不由得我想到,小学教学楼是当年由南京市广电局、南京人民广播电台、南京电视台、南京有线电视台主要出资兴建的,泉水乡领导曾提出命名为广电希望小学,但被广电领导婉言谢绝了。不过,四家单位的名字还是留在了泉水乡中心小学雕塑的基座上。

我在了解到泉水乡的贫困状况后,下决心要想方设法为乡里办几件实事、好事。泉水乡医疗条件较差,我通过朋友找到市红十字医院,以真情说动院长,派出一支医疗队来泉水乡开展义诊,免费为当地乡民治病。义诊消息提前通知后,当天一大早,就有农民前来乡卫生院排队,医疗队一到,就吸引了四乡八村的人来就诊，医生忙得不可开交，吃饭都没空吃。这一活动在当地影响很大，群众评价很好。

一次，我下基层调查，来到离镇子较远的乡敬老院，发现老人们穿着很破旧，床上垫盖很单薄。于是我赶回南京，找到市慈善总会领导，以一个扶贫工作者的身份向他们说明来意，用真挚的感情打动了市慈善总会的领导，该会先后从金陵石化大酒店组织到一批棉被、床单等用品，从南京大学、南京邮电学院组织到一万多件衣物。这些物资都由我落实运力和劳力，把它们运到泉水乡，帮助敬老院的老人和村里的农民解决了困难。泉水乡的一些学生家庭经济条件差，上学困难，我想法找到当年的市妇女联合会童副主席和儿童部以及下关区妇联，从"春蕾基金"中挤出三千元，捐助泉水乡部分上学难的女童，尽了自己微薄之力。我还联系了金陵图书馆和玄武儿童图书馆，捐助一千册书籍，在泉水乡中心小学建立了全市第一家"金陵示范科技园"。当我了解到泉水乡全乡小学只有一架风琴后，我又通过市教委从二十四中找到十架风琴，自己找车运到农村，缓解了乡里缺少音乐教学设备的困难。

1998年4月，作者(左一)与帮扶工作队成员在泉水乡合影。

作为一个新闻工作者，我还发挥自己的主观能动性，采写了十多篇关于泉水乡的稿件，先后在《扬子晚报》《南京日报》、南京电视台、南京有线台和本台刊登或播出，从而扩大了泉水乡的知名度。

通过帮扶工作队和泉水乡党委、政府以及群众的共同努力，泉水乡终于在1998年摘掉了贫困帽子进入了小康的行列。我本人也被评为先进帮扶工作队员，获得南京市委、市政府颁发的荣誉证书。

如今的泉水乡已经并入了竹镇，昔日的穷山劣地，已经成为大泉湖、池杉林、巴布洛生态谷等旅游景点，抚今追昔，真是感慨万千啊！

四十年再聚首有感

文/王吉鸣

无意之中,前不久一封近40年前的信在毫无心理准备的情况下重新展现眼前——来信者是好友王楠,她向我讲述了我离开学校后的情况。其中特别提到班上好几天都显得特别的沉静安静,许多同学要她转达问候,有的向她要通信地址,甚至有同学表示要上北京来当面劝说……已经不记得当初看这信时是怎样的心理,现如今唯感觉陌生、惊异,进而不自觉眼睛发涩……它莫名地呈出,心里面也莫名地接茬,定下神来才发现人们常常会尘封起许多过往的历史,有意或无意的……

20世纪80年代在海南纪实杂志社工作,这是在海口的宿舍门口留影。

1993年在现代快报工作时与同事合影

2018年同学聚会,(从左至右)樊辉、许松铭、过耀华、王吉鸣、王楠、瞿进达、杨培江、陈颐、陶达合影。

后来又发现并重读到了更多的信件。比如我们的周班长的数封信竟然是标准的书法体,且每一封洋洋洒洒数千言。如今我老公看见后感叹,哎,这是他最喜欢的字,要是当时看见,就可以拿它作字帖了!四班班长王庆华的来信也是,且不说密密麻麻一写就是好几页,在她的笔下,人与事都变得有料有趣……赫尔岑说,“信比回忆更丰富,它凝结着事件的血肉,这是往事本身,事物的本来面目便保留在信上,那是不朽的”。

时隔几十年,这里说什么呢?呵,那个时代!

现在一个人想要休学或退学是事情吗?但正是那个少有的岁月,让自然的事情变得有些不一般甚至有些单纯或复杂得让人惊奇。

是的,在相隔了40年之后,作为当事人的我已然进入耳顺之年,此刻忍不住俗气地想到当下时髦语——初心不忘。但正是难以寻觅到的好老师好同学帮助我成全了自己不合时宜的需求和极端自我的喜好。当我重新面对纸张陈旧且发黄的每一封信和重温每一个同学的情谊,前面所言的同窗之谊在逝者如斯中不自觉已然变为浓浓的袍泽之情!

(写于2018年春)

棉花团

——同学趣事

文/樊　辉

那是 1980 年的夏天，暑假。

虽然家在南京，但那年的暑假我没有回家，每天宿舍、图书馆两头跑。尽管对文科没兴趣，但是，既来之，则安之，成绩总不能太差吧。

大学毕业照

暑假的宿舍楼里很安静，没那么多来往的人和喧哗声，厕所里的臭味儿也不那么浓烈了。楼道里没什么亮光，到了晚上，更是一片漆黑。

转眼，暑假过了大半。一天，一发小到宿舍来找我。说是南京市直机关一年一度的游泳比赛即将举行，前几年他们局总是屈居第二，原因是 4×100 米接力中有一人游得太慢，拖了团队的后腿。发小知道我游泳尚可，便来找人去冒名顶替游其中一棒。我问他这样行吗？万一被人家发现了怎么办？他说只要我们单位的人不说，其他单位的人谁认识谁呀？于是我答应了。发小临走时又关照，别忘了，星期天上午 10 点，公教一村游泳池，冠军！

送走发小回宿舍，经过楼道时发现有一宿舍门开着，过去一看，只见吕解生同学正在收拾床铺。吕同学个头不算高，肌肉虽不发达，但看上去十分结实。我问他，怎么来那么早？他说约了同学去黄山玩儿。我看他脸色不太好，问他是不是生病了？他说浑身酸疼，可能是长途车坐累了。我说要当心，别感冒了，你还要上黄山呢。我想起谁跟我说过，晚上睡觉时用胶布贴在肚脐上，可防寒气侵入，便告诉了他。他说这个办法好，并连声道谢。

第二天晚上10点多经过吕同学宿舍，门开着，没人，再一看，吕同学躺在上铺的床上。见我进来，说他可能发烧了。我摸摸他的手，很烫，感觉这烧发大了。我说得去医院呀。他说走不动。我说我送你去。他说你又背不动我。我说有自行车。

扶着他挪下床，又挪下楼，用自行车推着他向工人医院进发。他坐在行李架上，身子趴在坐垫上。我边推车，还要时不时扶他一下，生怕他迷迷糊糊从车上掉下来。

到了医院看急诊，体温近40度了。医生发现他肚脐上贴了块胶布，问他这是干嘛，他如实相告。医生说，已经发烧了，贴也不管用了，边说边伸手将胶布揭了下来。一看，肚脐眼中还塞了一团棉花。医生笑问："这棉花又是干嘛用的？"他说这样效果应该更好吧。我在旁边直想笑，但看到病中的吕同学一脸的痛苦，忍住了。

在江苏省委宣传部工作期间留影

接下来就是按方取药，挂水。

当时挂水的地方居然是在围墙边搭了个棚子，放了一排帆布躺椅，这就是输液室了。

输液时已是夜里近12点。我问护士挂水需要多长时间,护士说估计挂完天也亮了。

在新华日报社工作期间留影

吕同学在躺椅上很快就睡着了。我坐在旁边看着输液瓶发呆。其他挂水的病人走了一个又一个,最后就剩下一张躺椅上有人了。我虽然感觉困,但强撑着不敢睡,一来我得负责看着瓶子,二来蚊子实在太多。我双手不停地在吕同学身体上空和自己的腿边划拉,驱赶着蚊子,那动作就跟跳大神似的。

水终于挂完了,天也大亮了。我叫醒吕同学,他说好多了。于是我带他回学校,回去的时候是骑着车的。

安顿好吕同学,对他说,你好好休息,别惦记黄山了。他说以后再去。我便匆匆赶往公教一村。

找到发小才得知,比赛改在下午2点进行。因为下午要比赛,有点兴奋,更因为自己是冒名顶替,不免紧张。居然在一夜未合眼的情况下,一点睡意都没有。边吃边跟发小说昨夜未眠之事。发小担心地问,下午能游吗?我说应该没问题。

下午两点，比赛准时开始。没有什么预赛决赛之分，各单位 4 名选手，游 4×100 米接力，一锤子买卖，按成绩排定名次。发小所在局第一批比赛，我游第一棒。发令枪响，我跃入水中，泳池一个来回一百米，我一边奋力游，一边朝两边的泳道瞄上一眼，没人儿。待我触边回头看，其他队的第一棒选手还在十来米开外呢。上了岸，发小兴奋地说，肯定冠军了。我说我就不等结果了，先回去。

回到学校，又去吕同学宿舍看看。推门进去，只见吕同学四仰八叉地躺在床上，从睡姿可以看出他已很轻松了。听到动静，吕同学坐了起来。我问他现在怎么样，他说没问题了。这时，我发现他肚脐上的白胶布，笑问又贴了？他看看胶布点头嗯了一声。我说有棉花吗？他说有，在里面。

我俩相视一瞬，大笑。

（写于 2018 年）

王楠和同学的留影

毕业前，(从左至右)王楠、王吉鸣、陈颐、杨培江、陶达、樊辉合影。

刚进新华日报参加团组织活动，(从左至右)周跃敏、梁学霖(政法处编辑)、许建军、王楠、赵向华合影。

同学聚会,(从左至右)许建军、王吉鸣、杨培江、王楠合影。

同学聚会,(从左至右)王吉鸣、刘荭、王楠、赵翼如、李大定合影。

编后记

作为全国师范院校第一个新闻学本科专业，南师新闻教育在全国有一定的影响力，在时间的长河中，有一些历史并不为人所熟知。而编辑那些鲜为人知的校友回忆录或口述史，以文字的形式记录这段历史，其起源可追溯到 2018 年。当时，64 级老校友陆静高老师告知我他们即将在南通举办毕业 50 周年聚会时，我心中涌起一股难以言表的激动。我立即安排副院长俞小松率领几位才华横溢的研究生前往参加，并在现场进行口述录像，将那些珍贵的记忆一一捕捉。董浩和张郑武文两位同学细心整理，将录像中的每一句话、每一个细节都转化为文字，让历史的回声在纸页间回荡。随后，我们与江苏人民出版社签订了出版合同，起名为《新新之火》。这一书既有新生的"新"希望之意，又有新闻的"新"专业之意，期待"新新之火"可以燎原。我们期望通过这本书，反映出南师新闻教育在起步阶段所经历的艰辛，以及它如何在这片土地上生根发芽、茁壮成长。

为了更深入地挖掘南师新闻教育的历史底蕴，我多次前往省档案馆等地进行史料查询。在历史的尘埃中，我追溯到了南师新闻教育的萌芽期——1946 年范长江等人在淮阴创立的华中新闻专科学校。那是一段充满烽火与奋斗的岁月，但正是这段历史，为南师新闻教育奠定了坚实的基础。此后，学校历经苏南新闻专科学校、江苏新闻专科学校等阶段，终于在 1964 年迎来了部分教师转入南京师范学院，并获得教育部批准在南师院设立新闻本科专业，从而拉开了南师新闻教育的序幕。经过几年的努力，记录南师新闻教育历史的首部著作《新新之火——南京师范大学 1964 级新闻专业回忆实录》终于在 2022 年正式出版。这部著作见证了南师新闻教育的草创时期，也激励着后来者继续书写新的篇章。

与此同时,我有了一个更加大胆的构想——是否可以精心策划一套主题为南师新闻教育"文脉"的系列出版物,用以承载并传承新闻教育历史中积淀的珍贵智慧与财富。怀揣着这样的想法,我拨通了77级老班长周世康部长的电话,怀着敬意与热忱,我向他提出了我们共同出版一部属于他们班级的回忆录的想法。周部长的回应如春风拂面,他迅速回复,他们班级欣然同意加入这一有意义的项目。紧接着,我们与江苏人民出版社携手,再度签订了一份合作协议,与第一部书的责任编辑陈茜老师共同商议,将这部新书命名为《"新"火相传》。这一书名寓意深远,意在延续第一本"新生"之火,将南师新闻教育的"薪火"代代相传,展现其承前启后、不断进取的重要阶段。

原定于2022年岁末举行南京师范大学新闻传播学科发展论坛暨《新新之火——南京师范大学1964级新闻专业回忆实录》首发仪式,并启动《"新"火相传——南京师范大学1977级新闻专业回忆实录》的编撰工作。面向老校友的邀请都发出去了,后因疫情影响不得不让我们暂时搁浅了这场活动。2023年上半年,学校任命我到学科建设处工作,使得这项工作暂时未能如愿展开。然而,77级老校友们并未因此停下脚步,他们分头行动,不仅重新梳理了2018年该班毕业40周年纪念册中的珍贵文稿,更有不少校友拿起笔来,重新书写那些深藏心底的记忆与故事。终于,在2024年初的某个明媚春日,周世康、周跃敏、叶南客、许建军等校友齐聚一堂,举行了一场意义非凡的讨论会,经过深入的交流与探讨,决定在3月份完成全部文稿和图片的整理工作。

在编辑本书的过程中,最让我感动的,无疑是77级校友们所展现的一丝不苟和精益求精。他们在班级内部组织了编委会,按照上大学时的分组统筹稿件(本书在编排过程中仍然保留了一、二、三、四组的顺序,将昔日的班级风貌原汁原味地呈现在字里行间,力求全面客观地再现那段青春岁月)。他们忙碌地搜集稿件,不时地组织讨论与修改,每一字每一句都经过精心打磨。我有幸与现任学院院长庄曦、书记周伟一同参与其中一次讨论,尽管多数时间我们只得静静聆听,但那份严谨与专注却让我深受震撼。他们审阅稿件时,仿佛回到当年担任报社的资深记者、名编辑、编辑部主任、总编辑的时候,从标题到小标题,从段落到字词,都认真推敲,这份对文字的敬畏与热爱，令人肃然起敬。

唐绪军学长精心雕琢《南师 77 级新闻班：中国新闻教育的非典型样本》这篇文章时，更让我深深感受到了那一代人特有的严谨与对完美的执着追求。以某个周末为例，3 月 9 日（星期六），唐学长一天发我 3 稿，从早上 10 点多的第一稿，到晚上 11 点多的第三稿。3 月 10 日（星期日）又连续发给我经征求同学意见后的第四、第五稿，其中第五稿已经是深夜 23:27 完成的。然而，精益求精的唐学长并未满足于此。3 月 11 日凌晨，他再次发来第五稿的更正版，即第六稿，并告知我："上一稿作废，这一稿是最新的。"时间显示，那时已是凌晨三点，他的字斟句酌、专注用心，真的让我十分钦佩。时间流转至 5 月上旬，校对阶段。唐学长再次发来他经过仔细核对后的修改，每一处注释都凝聚着他的心血与智慧。这仅仅是唐学长发给我看的几个版本，背后他到底进行了多少次修改，付出了多少心血与汗水，已无需多言，我们都能深深感受到。

读着书中每一篇稿件，引领我穿越岁月的长河，触碰那些老校友们曾经熠熠生辉的青春。在这字里行间，我不仅能感受他们年轻时的激情与活力，体会他们在创业路上的坚韧与拼搏，而更为令我敬仰的，是南师教育工作者和新华日报社职业新闻人那崇高的追求。他们不仅致力于新闻事业的繁荣发展，更将这份追求融入到日常的教学与实践之中，让南师新闻教育在承前启后的历程中得以不断发展壮大。回顾历史，1964 年南师新闻专业的获批，是教育部直接给江苏省委宣传部的函件，显示了最初"部校共建"的萌芽。而 1977 级新闻班的成立，更是在省委宣传部的直接干预下才得以成形，可谓是"部校共建"的最佳实践。据时任新华日报资料组编辑、77 新闻班任课老师薛恒淦回忆，他们为了安排好课程，曾专程赴复旦大学新闻系求教，得到了王中先生的悉心指导；为了讲好专业课，又赴中国人民大学新闻系进修，得到了甘惜分、方汉奇先生等亲自指点。这些珍贵的回忆，见证了南师新闻教育的创业艰辛，以及开门办学的理念和与时俱进的追求。

无论是 1977 级新闻班的记忆，还是漫长的六十年办学征途，南师新闻教育虽历经风雨，但那份历久弥新的精神烙印却始终熠熠生辉——一种对真理的执着追求，一种对知识的敬畏传承，一种面向世界的开放胸襟，以及一种永不言弃的拼搏精神。这些品质，是南师新闻教育的可贵财富，始终照亮了新闻人的前行之路,也激励着我们这一代后来者,继续书写属于南师新闻教育的辉煌篇章,砥砺前行。

如今,这一项有意义工作即将上画上一个优雅的句点。一方面,我担任新闻与传播学院院长期间所签订的合同和未尽之事,终于在众位老校友和学院的鼎力支持下,得以完美收官,也算是院长职责的一段了结。另一方面,备受期待的《"新"火相传》终于能够顺利问世,它将为南师新闻教育 60 周年的庆典献上一份独特而珍贵的礼物。这本书的出版,不仅是对南师新闻教育过往历程的深情致敬,更是对未来发展的美好期许。愿南师新闻教育在代代相传的新闻工作者和校友们的智慧与努力中,不忘初心,续写辉煌,再创佳绩。

张晓锋

2024 年 6 月 1 日